Lieblingsplätze mit Hund

# BAYERISCHER WALD

# Lieblings-plätze mit Hund
# BAYERISCHER WALD

GMEINER

DANIELA SKALLA

Autor und Verlag haben alle Informationen geprüft. Gleichwohl wissen wir, dass sich Gegebenheiten im Verlauf der Zeit ändern, daher erfolgen alle Angaben ohne Gewähr. Sollten Sie Feedback haben, bitte schreiben Sie uns! Über Ihre Rückmeldung zum Buch freuen sich Autor und Verlag: lieblingsplaetze@gmeiner-verlag.de

Sofern nicht im Folgenden gelistet, stammen alle Bilder von Daniela Skalla:
Klaus-Dieter Neumann/Länderbahn 152

QR-Code einscannen und kostenloses E-Book anfordern.

Besuchen Sie uns im Internet:
www.gmeiner-verlag.de

2. Auflage 2022

Im Ehnried 5, 88605 Meßkirch
Telefon 07575/2095-0
info@gmeiner-verlag.de


Lektorat/Redaktion: Anja Kästle
Herstellung: Julia Franze
Bildbearbeitung/Umschlaggestaltung: Susanne Lutz
unter Verwendung der Illustrationen von © mohamed_hassan, © AnnaLise, OpenClipart-Vectors: – pixabay.com, © SimpLine, © Loveleen, © a7880ss, nenilkime, © Rey Kamensky, © StudioAyutaka, © SG-design – stock.adobe.com; © Susanne Lutz
Kartendesign: © Maps4News.com/HERE
Druck: AZ Druck und Datentechnik GmbH, Kempten
Printed in Germany
ISBN 978-3-8392-2929-3

## IM HERZEN DES BAYERISCHEN WALDES

## DER SÜDEN

# WILDER WALD AN DER GRENZE

## Eine Liebeserklärung

Warum man hier nicht mit der Kreditkarte zahlen kann, fragt der Herr an der Museumskasse in Finsterau aufgebracht, das ginge schließlich überall. Die Dame am Ticketschalter bleibt freundlich und gelassen: überall, aber eben nicht hier, das lohnt sich nicht – zu abgelegen, zu wenig Menschen. »Ist ja auch weit ab vom Schuss, da ist alles etwas anders«, grummelt der Besucher schließlich und zahlt bar.

Hinterwäldlerisch und arm – zwei Vorurteile, die viele sofort parat haben, wenn sie an den Bayerischen Wald denken. Extrem arm war die Gegend tatsächlich lange, aber dank neuer Ideen und der Tatsache, dass auch junge Menschen heute häufiger in der Heimat bleiben, ist der Landstrich direkt an der tschechischen Grenze für Einheimische und Touristen wieder attraktiv geworden. Überfüllte Metropolen mit einem unendlichen Warenangebot und den auf der ganzen Welt gleichen Hotelketten findet man schließlich überall. Aber den ältesten (und größten) Nationalpark Deutschlands, ganze Landkreise ohne Autobahnanschluss, das größte zusammenhängende Waldgebiet Mitteleuropas, individuell geführte Unterkünfte und freundliche, entspannte Menschen, mit denen man sofort per du ist – das gibt es nicht mehr häufig in unserem dicht besiedelten Land.

Wenn man hier »in die Stadt« fährt, dann ist das oft ein Tagesausflug, und gemeint ist keine Metropole, sondern Orte mit 50.000 bis 150.000 Einwohnern. Die relativ geringe Bevölkerungsdichte ist bestimmt auch ein Grund, warum viele Vierbeiner den Bayerischen Wald als ihre Traumheimat bezeichnen würden, wenn sie sprechen könnten. Für die meisten von ihnen ist es ganz normal, nicht im Park mit Hundewiese hier und Leinenpflicht dort, sondern in freier Natur ihre Runden zu drehen, oder durchaus mal schnell nach Feierabend mit ihrem Menschen auf den Hausberg zu laufen. Vierbeiner mit guten Manieren sind es zudem gewohnt, so gut wie überall gerne gesehen zu sein. Cafés oder Restaurants, in die sie ihre Familie nicht begleiten dürfen, findet man kaum, besonders hundefreundliche Gastronomen werden in diesem Buch vorgestellt. Bergbahnen, Ausflugsschiffe – kein Problem. Ja, sogar manche Museen und Kaufhäuser heißen den besten Freund des Menschen willkommen.

Damit das entspannte Miteinander weiterhin so gut funktioniert, sollte Rücksichtnahme stets ein treuer Begleiter sein: Bitte räumen Sie die Hinterlassenschaften Ihres Hundes weg, halten Sie sich an die Regeln vor Ort und lassen Sie Ihren vierbeinigen Freund nie ungefragt auf Mensch und Tier zustürmen – auch wenn er noch so freundlich ist.

»Ja, aber« heißt es in der Waldbahn – ohne Maulkorb geht hier gar nichts, aber »gut angezogen« steht der Zugfahrt nichts im Wege. Neben dem Maulkorb sollte man noch unbedingt rechtzeitig an etwas denken: den Impfpass des Vierbeiners, der Auskunft über eine gültige Tollwutimpfung gibt. Für einen Urlaub in Bayern ist der zwar nicht nötig, aber da die gesamte Region direkt an der tschechischen Grenze liegt, kommt man schnell in Versuchung, einen Ausflug ins Nachbarland zu machen, was sich durchaus lohnt. Ungeimpfte Hunde können aber massive Probleme beim Grenzübertritt bekommen, und der geht schneller, als Sie denken. Die eine Hälfte des Berggipfels liegt auf deutscher Seite, die andere auf tschechischer, der Wanderweg führt, ohne dass man es recht merkt, mal in das eine, dann in das andere Land.

Sie sind sich noch unsicher, ob Ihnen und Ihrem Freund mit der kalten Schnauze ein Urlaub »im Woid« gefallen wird? Das Mittelgebirge bietet mehr Berge um die tausend Meter Höhe, als Sie in der kurzen Zeit erklimmen können, Sie werden gemeinsam viele Tierbekanntschaften in freier Natur, aber auch auf Bauernhöfen sowie in Schutzzonen und Wildparks machen, Sie finden sicher eine Unterkunft, die genau auf Ihre Bedürfnisse zugeschnitten ist, und viele Gaststätten, die regionale und saisonale Speisen anbieten. Was Sie hingegen vergeblich suchen werden, sind Metropolen, große Zoos, Vergnügungsparks, die Annehmlichkeiten des öffentlichen Nahverkehrs und Hochgebirge. Wer auf all das gut und gerne für einige Zeit verzichten kann und auch nicht in Panik verfällt, wenn plötzlich das Handynetz ausfällt oder das WLAN lahmt, der kann im Bayerischen Wald zusammen mit seinem Vierbeiner die Seele baumeln lassen.

»Ein halbes Jahr Winter, ein halbes Jahr kalt, das ist das Klima im Bayerischen Wald.« Die alte Weisheit, die früher abschreckte, verspricht heute oft angenehme Sommer und schneereiche Winter.

DER NORDEN

# 1

**Dorf Lučina**
Untergrafenried 45
93449 Waldmünchen
Kleiner Wanderparkplatz
auf der rechten Seite

**Tourismusbüro Waldmünchen**
Marktplatz 16
93449 Waldmünchen
09972 30724
www.waldmuenchen.de

## VERGESSEN UND WIEDERENTDECKT

Dorf Lučina

Entlang der deutsch-tschechischen Grenze gibt es dutzende verlassene Orte, die einiges von dörflichem Leben, Krieg und Vertreibung erzählen könnten. Jahrzehntelang jedoch überwucherte die Natur diese Zeugen der Geschichte, bis 2012 ehemalige Grafenrieder den Anstoß zu Ausgrabungen gaben, wodurch ein Ort der Versöhnung entstand. Nun werden hier Erinnerungen wachgehalten an Geschehnisse, die sich nie wiederholen dürfen.

Schon die Landschaft auf dem rund 15-minütigen Weg nach Lučina erinnert an Zeiten, in denen es das Wort »Flurbereinigung« nicht gab: Weiden, auf denen friedlich Rinder mit beeindruckenden Hörnern grasen (einfach ruhig mit dem Vierbeiner vorbeigehen, es ist alles umzäunt), dazwischen Baumgruppen und Hecken, bevor man einen Wald betritt. Bald erreichen wir die Lichtung, auf der Grafenried (tschechisch Lučina) lag. Höfe, eine Kirche, eine Brauerei, der Friedhof – Ruinen, die von einer gar nicht so fernen Vergangenheit berichten, in der an diesem Ort 247 Bewohner lebten. Unser Vierbeiner schnüffelt interessiert an den Mauerresten, wo sich wahrscheinlich zahlreiche Mäuse eingenistet haben, während wir gedankenverloren zurückgelassene Gegenstände und Scherben betrachten. Wer wohl mit dem verbeulten Topf gekocht haben mag? Ob in der durchlöcherten Zinkwanne jemand als Baby gebadet wurde, der heute noch lebt? Möglich wäre es, denn die Häuser wurden erst 1956 infolge des Zweiten Weltkriegs abgerissen. Vieles wird nie mehr ergründet werden, manches wird aber auf Infotafeln erklärt und mit Fotos wieder greifbarer.

Lučina ist einen Familienausflug wert, bei dem es jedoch zu beachten gilt, dass man gleich nach dem Parkplatz die Grenze nach Tschechien überquert. Personalausweise für uns und der Nachweis einer gültigen Tollwutimpfung für den Hund sind daher Voraussetzung für dieses Erlebnis.

Wer den Spaziergang verlängern will, folgt der weiß-grün-weißen Markierung durch die Grenzlandschaft. Die Tourist-Information Waldmünchen bietet Führungen durch Lučina an.

2

**Perlsee**
Perlseestraße
93449 Waldmünchen
Bei der Anfahrt den Weg-weisern »Erlebnisraum Perlsee« folgen

**Ferienpark Perlsee**
Alte Ziegelhütte 6
93449 Waldmünchen
09972 1469
www.ferienpark-perlsee.de

# BADEFREUDEN UND MEHR

## Perlsee

Sommer, Sonne, Strand – vielen Hunden geht es wie uns Menschen: An heißen Tagen gibt es nichts Schöneres als den Sprung ins kühle Nass. Am meisten Spaß macht ein Badetag natürlich gemeinsam mit der ganzen Familie – Vierbeiner eingeschlossen. Am Perlsee steht dem nichts im Wege. Während im Strandbad direkt neben dem Parkplatz *Ziegelhütte* Hunde nicht erlaubt sind, steht die Liegewiese am Südufer Mensch und Tier offen. Dort gibt es genügend Platz zum Ausruhen, Picknicken und Toben, und niemand stört sich an plantschenden Pfötchen. Das Ufer fällt langsam ab, kleine Sand- und Kiesbuchten ermöglichen den Zwei- und Vierbeinern ein ungetrübtes Badevergnügen. Wer es noch sportlicher mag und über eine eigene Ausrüstung verfügt, findet zudem ideale Voraussetzungen zum Stand-up-Paddling vor. Zwar sind auf dieser »wilden« Liegewiese keine sanitären Anlagen oder Erfrischungskioske vorhanden, dafür wird aber auch kein Eintritt erhoben.

Der Stausee hat jedoch noch viel mehr als Badefreuden zu bieten. Auf einer etwa einstündigen Gassirunde, die zum Teil über Bohlenwege und durch eine idyllische Wiesenlandschaft führt, lässt sich das Gewässer umrunden und nebenbei auf einem Erlebnispfad Wissenswertes über heimische Wildkräuter erfahren. Minigolfplatz, Beachvolleyballfeld, der Spielplatz *Räuberhöhle* und vieles mehr lassen keine Langeweile aufkommen. Auch wenn der beste Freund des Menschen nicht an all diesen Vergnügungen teilnehmen kann: Der Hundestrand ist immer schnell zu Fuß über das Stauwehr oder mit dem Auto auf der parallelen Straße zu erreichen. So darf sich ein Teil der Familie dort erholen, während der Rest das Freizeitangebot erkundet. Parkplätze stehen beim Strandbad und am Hundestrand (dort mit Kotbeutelspender) kostenlos zur Verfügung.

Perfekt abrunden lässt sich ein Sommertag mit einem Eis oder einer Pizza in der Eisdiele und Pizzeria *Europa*, wo Hunde ausdrücklich willkommen sind. Navi-Adresse: Marktplatz 1, 93449 Waldmünchen.

## 8

**Einberghof**
Daberger Straße 65
93437 Furth im Wald
0175 4483311
www.einberghof.de

# MIT ALPAKAS AUF TOUR

Einberghof

Auf dem Misthaufen scharren die Hühner, von der Krone des Apfelbaums herab beäugt eine Katze skeptisch das Geschehen, Schwalben ziehen in der Scheune ihre Jungen groß – die Idylle trügt ausnahmsweise nicht. Beim Anblick von Himbeerhecken, in denen Amseln brüten, und ausschließlich mit Muskelkraft bearbeiteten Gemüsebeeten fühlt man sich beinahe zurückversetzt ins letzte Jahrhundert – wären da nicht die Weiden hinter dem Hof. Hier grasen weder Kühe noch Ziegen oder Schafe, sondern Alpakas. Die neugierigen Tiere begrüßen Besucher schon am Zaun mit leisen, summenden Lauten. Während jedoch die Stuten mit ihren Fohlen nur ungern das Grundstück verlassen, sind die »Jungs« kleinen Spaziergängen in die Umgebung nicht abgeneigt.

Wie der Name schon vermuten lässt, liegt direkt hinter dem gut 100 Jahre alten Gehöft der Einberg, ein grüner Hügel mit Blick über die Chamb-Auen und die Stadt Furth im Wald. Neben verschiedenen saisonalen Veranstaltungen bietet der Hof regelmäßig Alpakaspaziergänge in diesem Gebiet an. Dabei geht's in gemütlichem Tempo vorbei an Blühwiesen und alten Obstbäumen. Hinter einem kleinen Wäldchen schweift der Blick frei zum Further Wildgarten – ein weiteres lohnendes Ausflugsziel.

Das Beste an der Tour: Angeleinte Vierbeiner dürfen nach vorheriger Rücksprache ihre Menschen begleiten. Voraussetzung ist allerdings, dass die Hunde beim Anblick von vergleichbaren Tieren (Schafen, Ziegen, Pferden) ruhig bleiben und die Alpakas nicht durch wildes Kläffen oder Herumspringen in Aufruhr versetzen. Eins versteht sich von selbst: Derjenige, der für den Hund verantwortlich ist, kann nicht gleichzeitig ein Alpaka führen, aber vielleicht mag man sich ja gelegentlich abwechseln.

Wer im letzten Moment feststellen muss, dass der eigene Vierbeiner derartigen Aufregungen doch nicht gewachsen ist, umrundet stattdessen einfach den nahe gelegenen Drachensee.

# 4

**Wildgarten Furth im Wald**
An der Dabergerstraße 33 in die Stichstraße abbiegen
93437 Furth im Wald
09973 2933
www.wildgarten-furth.de

**Gasthof zum Bay**
Bayplatz 5
93437 Furth im Wald
09973 4334
www.zumbay.de

# WILDNIS IM MINIATURFORMAT

## Wildgarten Furth im Wald

Vom gut beschilderten Parkplatz an der Dabergerstraße sind es nur gut 150 Meter Fußweg in die Wildnis. Für einen geringen Betrag (Hunde sind gratis) taucht man ein in eine kleine Welt voller Überraschungen und Geheimnisse, für die Sie sich mindestens zwei Stunden Zeit nehmen sollten. 1987 hatte Ulrich Stöckerl die Idee zu diesem Projekt, die damals von vielen als Luftschloss belächelt wurde. Heute blickt man von der gleichnamigen Holzkonstruktion weit über das rund 100.000 Quadratmeter große Areal des Wildgartens und den angrenzenden Einberg. Lugt da ein Mammut durchs Gebüsch? Was war das gerade für ein Gebrüll? Wer ist die verhüllte Gestalt, die dort vorne aus dem Nebel auftaucht? Wolken und Dunst lassen es schnell etwas unheimlich werden zwischen Dinosaurierskelett und Weidenlabyrinth.

Vierbeiner, Kinder und Erwachsene kommen beim Überqueren schaukelnder Hängebrücken, beim Ausruhen im riesigen Vogelnest oder beim Genuss mitgebrachter Würstchen an einem der Grillplätze gleichermaßen auf ihre Kosten. Erkennen Sie einen Biberverbiss oder eine Schlangenhaut? Auch wer nicht an einer der mehrmals wöchentlich angebotenen Führungen teilnimmt, erfährt dank der Informationstafeln eine ganze Menge über ökologische Zusammenhänge. Spätestens wenn man liest, welches das gefährlichste Raubtier der Erde ist, wird man etwas nachdenklich.

Integriert in das Gelände ist die Unterwasserstation, wo man sich Aug in Aug mit Hecht, Barsch und weiteren Bewohnern heimischer Gewässer wiederfindet. Die meisten Hunde haben mit der steilen Treppe, die unter die Teichoberfläche führt, Probleme. Wer seinen Begleiter aber tragen und zu den dicken Glasscheiben hochheben kann, wird sehen, wie interessiert der Vierbeiner die Bewegungen der Fische beobachtet.

Bei schönem Wetter im Biergarten, sonst in der urigen Stube, lädt der *Gasthof zum Bay* zu einer Stärkung nach dem Ausflug in die Wildnis ein.

5

**Felsengänge**
Kramerstraße
(Nähe Stadtplatz)
93437 Furth im Wald
09973 1229
www.drachenschmiede-fledderwisch-furth.de

## UNTERWELT FÜR MUTIGE

Felsengänge

Es gießt, ist eiskalt oder tropisch heiß? Da gibt's nur eins: Abtauchen in den Untergrund! Das ganze Jahr über herrschen hier konstant acht Grad plus und man ist vor Niederschlägen aller Art sicher. Für die meisten Vierbeiner ist das Erforschen der Wege unter der Stadt genau wie für ihre Menschen ein aufregender Spaß, für Mantrailer oft sogar eine Übung für den Ernstfall, wenn sie in den dunklen Gängen die Vermisstensuche trainieren. Die Wege und Keller, die heute ein unterirdisches Labyrinth bilden, wurden im Mittelalter in den Gneis geschlagen und erfuhren im Laufe der Jahrhunderte verschiedene Nutzungen.

»Immer rechts abbiegen«, werden wir beim Betreten gewarnt. Mit keinerlei Orientierungssinn ausgestattet, flößen mir die Worte ordentlich Respekt ein, aber wir haben ja unseren Hund und stürzen uns mutig in die Tiefe. Stürzen ist dabei fast wörtlich zu nehmen: Die Luftfeuchtigkeit ist enorm hoch und der Boden entsprechend glitschig. Gutes Schuhwerk ist wichtig, und wer nicht gut zu Fuß oder auf den Pfoten ist, wird nicht viel Freude an den Felsengängen haben. Alle anderen genießen aber den Ausflug in die Vergangenheit und in eine Sagenwelt, bei dem man Fundstücke der Ausgrabungsarbeiten wie Waffen, Geschirr und Knochen ebenso im Kerzenschein bestaunen kann wie einen Drachenkopf und den in seiner Höhle dösenden »Erdmann«. Als Schlafraum dienen die Gewölbe aber nicht nur Sagengestalten, auch Fledermäuse überwintern in der geschützten Umgebung. Beim Klang der Sirene im Luftschutzkeller bekommt jeder eine Gänsehaut, der noch die Erzählungen von Eltern und Großeltern im Ohr hat, oder gar selbst den Zweiten Weltkrieg miterlebt hat. Man stellt sich lieber nicht vor, wie es gewesen sein mag, hier unten zu sitzen und über sich Tiefflieger und Bombeneinschläge zu hören.

Nur ein paar Meter entfernt liegt der Stadtplatz mit verschiedenen Einkehrmöglichkeiten, in denen Hunde willkommen sind.

6

**Flederwisch**
Am Lagerplatz 5
93437 Furth im Wald
09973 1229
www.flederwisch.de

# MORBIDER CHARME

## Erlebniswelt *Flederwisch*

1995 entdeckten Ralf und Alex Schüler zufällig ein altes Bahngelände mit einem Industriegebäude aus dem Jahr 1890, das damals scheinbar fluchtartig verlassen wurde: Werkzeuge, Bücher, Fotos, alles lag da, als sei die Zeit stehen geblieben. Der Anblick inspirierte die Brüder dazu, eine Erlebniswelt zu schaffen, die Groß und Klein eine Zeitreise 100 Jahre in die Vergangenheit ermöglicht. Heute kann man die alten Fundstücke aus der oben erwähnten Fabrikhalle ebenso bestaunen wie die größte Dampfmaschine Bayerns, die mitunter sogar in Aktion ist.

Mutige Vierbeiner nehmen den Lärm gelassen hin, andere warten lieber vor der Tür. Auch die Lochgittertreppen, die zum Teil nach oben führen, sind für manche Hunde ein Hindernis. Ob sie getragen werden wollen, mutig sind oder im Park warten, entscheidet jeder selbst. Draußen bleiben muss der beste Freund der Familie jedenfalls nirgends. Am Eingang wird er mit einem Keks willkommen geheißen und Verbotsschilder sucht man im Park vergebens.

Da können dunkle Gänge erkundet werden, Kind und Hund kriechen gemeinsam durch eine Röhre und lassen sich an warmen Tagen von einem Drachen mit Wasser bespritzen. Es gibt eine alte Eisenbahnbrücke, von der aus man die Anlage überblickt, eine Ruine und vieles mehr, was die Fantasie von Zwei- und Vierbeinern anregt. Außerdem Angebote wie Papierschöpfen, Armbrustschießen und Gold waschen, die jeder selbst ausprobieren kann. Gold – was hat das mit dem Bayerischen Wald zu tun? Tatsächlich suchte man nicht nur am anderen Ende der Welt nach dem edlen Metall, aber mehr dazu in der Erlebniswelt *Flederwisch*. Abenteuer machen hungrig, da kommt eine Stärkung im Café *Zum Goldenen Dampfkessel* gerade recht und wer ein Andenken aus der »guten alten Zeit« sucht, wird im Laden fündig.

Für ausgedehnte Spaziergänge nach dem Parkbesuch bietet sich der etwa fünf Autominuten entfernte Voithenberg an. Direkt am Golfplatz beginnen zahlreiche Wanderwege.

# 7

**Naturerlebnispfad Voithenberg**
Startpunkt: Von-Voithenberg-Straße
93437 Furth im Wald
Parkplatz Lehrpfad/Waldkindergarten

**Berghof Gibacht**
Gibacht 31
93449 Waldmünchen
09972 9049149
www.glasschmiede-gibacht.de

# WALDLEHRPFAD MODERN

## Naturerlebnispfad Voithenberg

In meiner Kindheit war er nicht nur ein beliebtes Ziel für Schulwandertage, auch am Sonntag hieß es oft: »Wir gehen zum Waldlehrpfad«. Wenngleich spannender als so manch anderer Spaziergang – verheißungsvoll klang dieses Ausflugsziel nie. Einige Holztafeln an einem Waldweg, das war alles. Ganz anders heute: gleiche Strecke, aber statt fader Belehrungen spannende Erlebnisse. Am Querschnitt eines Baumstammes lassen sich die Jahresringe erkennen, die das Alter der Pflanze verraten. Einem riesigen Xylophon aus Holzstücken entlocken musikalisch Begabte verschiedene Melodien. Durch das Drehen bunt bemalter Holzscheiben setzen wir Tiere der heimischen Fauna zusammen. Das sind nur einige der Stationen, die uns den Wald mit seinen Bewohnern auf unterhaltsame Weise näherbringen. Natürlich finden Interessierte zusätzlich ausführliche Erklärungen auf bebilderten Tafeln, die zum Beispiel über Baumarten oder essbare und giftige Pilze informieren.

Man sollte für den 2,4 Kilometer langen Pfad ungefähr eineinhalb Stunden einplanen, kann sich aber problemlos deutlich länger in dem lichten und abwechslungsreichen Mischwald aufhalten. Hunde brauchen genügend Zeit, um unzählige Wildspuren und andere spannende Gerüche des Waldes, die uns Menschen verborgen bleiben, mit der Nase zu erkunden. Außerdem verlockt der seichte Ölbrunnbach, der sich den Pfad entlangschlängelt, an warmen Tagen sowohl vierbeinige Familienmitglieder als auch Kinder zum Spielen und Planschen im Wasser. Nach all den Abenteuern bietet es sich an, an einer der Sitzecken eine gemütliche Brotzeit zu machen. Wenn an Ferienwochenenden die meisten Ausflugsziele für Vierbeiner viel zu laut und hektisch sind, verspricht der Naturerlebnispfad am Voithenberg entspannte, doch keinesfalls langweilige Stunden.

Nur wenige Autominuten entfernt liegt der Berghof Gibacht. Hier gibt es bayerisch-böhmische Spezialitäten und Hunde sind natürlich willkommen, schließlich hat der Wirt selber einen netten Vierbeiner.

8

**Golf-Club Furth im Wald**
Voithenberg 3
93437 Furth im
Wald-Voithenberg
09973 2089
www.gc-furth.de

# GOLF IM EINKLANG MIT DER NATUR

## Golfplatz des Golf-Clubs Furth im Wald

Golfen ohne Wartezeiten, dafür mit einem herrlichen Ausblick – der Platz in Furth im Wald ist ein Geheimtipp. In einer Höhenlage von bis zu 700 Metern fliegen die Bälle über die ehemaligen Weiden des freiherrlichen Guts Voith von Voithenberg, das noch heute mit zwei Schlössern und Wirtschaftsgebäuden die Anlage umgibt. Kühe sind allerdings längst von den Wiesen verschwunden und im ehemaligen Pferdestall befindet sich mittlerweile das Clubcafé. 18 Loch (Par 72), Driving Range, Pitching und Putting Green – auf rund 70 Hektar ist alles geboten, was das Sportlerherz höherschlagen lässt.

Sie hatten noch nie einen Schläger in der Hand und wissen kaum, wovon hier die Rede ist? Kein Problem! Für Anfänger werden kostenlose Schnupperkurse angeboten. Wer über mehr Erfahrung verfügt, spielt auf leicht hügeligen Bahnen zuerst entlang einer Allee mit altem Baumbestand neun Loch bergab. Enge Fairways und durch Teichbiotope oder Bunker geschützte Grüns fordern dabei selbst »alte Hasen«. Die zweite Hälfte wird von Bergaufbahnen beherrscht, die zwar Präzision erfordern, dank ihrer Breite jedoch auch Anfängern entgegenkommen. Der Course mit einer Höhendifferenz von 190 Metern ist für Sportler und Sportlerinnen aller Spielstärken interessant, und die Anlage mit Ausblicken auf die Bayerwaldberge Hoher Bogen, Arber und Osser zählt zu den schönsten Plätzen Deutschlands.

Aber was wäre der schönste Tag ohne vierbeinige Begleitung? Die Frage stellt sich zum Glück nicht: Hunde sind – außer bei vorgabewirksamen Wettspielen – (angeleint) willkommen. So trifft man meist auf einen Labrador, der gemütlich neben dem Abschlag döst, oder einen Dackel, der sich mit stolzgeschwellter Brust in einem der neuen Elektro-Golfcarts über den Rasen kutschieren lässt, wenn die kurzen Beine nicht mehr so recht wollen.

Auf der Terrasse des Café-Restaurants am Voithenberg lässt es sich nach dem Spiel hervorragend mit Blick über den Platz und die Further Senke bei Kaffee und Kuchen entspannen.

9

**Natur-Hunde-Hotel Bergfried**
Bauhof 7
92444 Rötz
09976 94000
www.urlaub-mit-hund-bayern.eu

**Oberpfälzer Handwerksmuseum**
Hillstett 52
92444 Rötz
09976 941160
www.hwm.as-wm.de

## MENSCHEN ERLAUBT

### Natur-Hunde-Hotel Bergfried

Die meisten, die nicht mit einem Vierbeiner zusammenleben, haben keine rechte Vorstellung, was sich hinter dem Begriff »Hundehotel« verbirgt. Eingeweihte jedoch wissen: hier steht der moderne Nachfahre der Wölfe an erster Stelle – Menschen werden auch willkommen geheißen. In Rötz fühlen sich jedenfalls alle Familienmitglieder – ob mit oder ohne Fell – bestens aufgehoben. Während es sich die Erwachsenen im Biergarten gut gehen lassen, klettert, rutscht und schaukelt der Nachwuchs auf dem Abenteuerspielplatz um die Wette. Auf den Vierbeiner wartet ein wahres Paradies: ein Naturteich zum gemeinsamen Baden mit neu gewonnenen Freunden, ein Adventure-Parcours und eine große Wiese mit Agility-Geräten, alles umzäunt und daher guten Gewissens leinenlos zu erkunden – was will Hund mehr? Falls sich die Sportskanone auf vier Pfoten einmal zu viel zugemutet haben sollte und die A-Wand doch etwas zu steil war, steht neben einer Tierheilpraktikerin auch eine Physiotherapeutin mit Rat und Tat zur Seite.

Wer möchte, bucht statt eines Erholungs- einen Bildungsurlaub zusammen mit seinem vierbeinigen Freund: Antijagdtraining, Vorbereitung auf den Hundeführerschein, sprachfreie Kommunikation … hier drückt man gern in angenehmer Atmosphäre gemeinsam die Schulbank. Eigenes Gepäck braucht der Vierbeiner übrigens nicht mitzubringen: Vom Körbchen über Napf und Pfotentuch kann fast alles ausgeliehen werden, und ein breites Angebot an hochwertigem Futter steht ebenfalls bereit. Außerdem gibt es im hauseigenen Shop eine große Auswahl an Leinen, Spielzeug und vielem mehr, was Hund so benötigt. Und der Mensch? Der kommt sicher auch nicht zu kurz: Hervorragendes Essen, eine gemütliche Atmosphäre, moderne Zimmer und die ruhige Lage im Wald sorgen dafür, dass sich nicht nur die Fellnase rundum wohlfühlt.

Das Oberpfälzer Handwerksmuseum ist bei jedem Wetter ein lohnendes Ausflugsziel und steht kulturinteressierten Zwei- und Vierbeinern offen.

# 10

**Kürnburg**
Startpunkt:
Wanderparkplatz
Kürnburgstraße
93491 Stamsried

**Tourist-Information Stamsried**
Schloßstraße 10
93491 Stamsried
09466 940121
www.urlaub-in-stamsried.de

# IM ZEICHEN DES SPECHTS

## Kürnburg

Eigentlich weist der hölzerne Specht den Weg zum Waldlehrpfad, aber über diesen gelangt man auch zur Burganlage. Da es zur Ruine nur 150 Meter sind, beschließen wir spontan, beides miteinander zu verbinden. Am Parkplatz konnten wir uns an der dort aufgestellten Hundestation mit Tütchen eindecken und so steht einer längeren Gassirunde nichts mehr im Wege. Nach den ersten Erlebnisstationen wie zum Beispiel einem Waldmemory überspannt ein steinerner Torbogen den Weg und vor unserem inneren Auge sehen wir Burgherren und Bedienstete über die Brücke in die spätgotische Anlage reiten, die bereits 1354 errichtet wurde. Im Dreißigjährigen Krieg von den Schweden erstürmt und in großen Teilen zerstört, wurde sie erst in den 60er-Jahren des letzten Jahrhunderts umfangreich restauriert, um die Überbleibsel folgenden Generationen zu erhalten. Zahlreiche Mauerreste zeugen von längst vergangenen Zeiten. Den Turm des Palas kann man sogar besteigen, um den weiten Ausblick über das Regental zu genießen. Dem Vierbeiner muten wir diese Kletterpartie lieber nicht zu, sondern bleiben abwechselnd bei ihm unten im Innenhof.

Beim Verlassen des Geländes fällt uns im Vorhof eine Feuerstelle auf. Hätten wir das nur vorher gewusst! Vor dieser Kulisse am Lagerfeuer zu grillen ist sicher ein einmaliges Erlebnis. Gut, dass unser Vierbeiner nicht ahnt, was ihm entgangen ist. Obwohl – er schnüffelt verdächtig lange an den verkohlten Resten. Wahrscheinlich gehen ihm ähnliche Gedanken wie uns durch den Kopf. So aber wenden wir uns wieder dem knapp drei Kilometer langen Lehrpfad zu, der uns auf spielerische Weise den Mischwald näherbringt, während unser Begleiter – die Nase dicht am Boden – von Rehen und Hasen träumt.

Urlaub im Blockhaus im *Naturerlebnisdorf Stamsried* am Fuße der Kürnburg (Kürnburgstraße 8, 93491 Stamsried) ist ein besonderes Erlebnis für die ganze Familie.

11

**D'Wasserwirtschaft**
Oberer Regenanger 3
93413 Cham
09971 862424
www.wasserwirtschaft-cham.de

# BIERGARTEN AM REGENUFER

*D'Wasserwirtschaft*

Der ereignisreiche Tag war sommerlich warm, und Mensch und Hund suchen einen kühlen Platz zum Entspannen? Ein typisch bayerischer Biergarten wie *D'Wasserwirtschaft* ist da genau die richtige Wahl. Im Schatten der Kastanien streckt der beste Freund des Menschen auf dem kühlen Kies alle Viere von sich, und wir lassen uns Bier und Brotzeit schmecken, oder Kaffee und Kuchen, oder Kräuterschorle und Krustenbraten, oder … Experimentierfreudige bestellen sich *Obazdn* oder *Zwirl* und lassen sich überraschen, was sich hinter diesen lokalen Köstlichkeiten verbirgt, und auch für Vegetarier und Veganer steht eine große Auswahl bereit. Eine Biergarten-Tradition wird allerdings nicht hochgehalten: Eigene Speisen mitbringen und nur die Getränke kaufen ist in der *Wasserwirtschaft* nicht möglich. Aber wer würde das angesichts der Schmankerln auf der Karte schon wollen? Ein plötzliches Gewitter ist übrigens kein Problem. Bei schlechtem Wetter macht man es sich einfach im angrenzenden Restaurant gemütlich.

Für Kinder ist in der *Wasserwirtschaft* mehr geboten als still sitzen und essen. Während sich die Erwachsenen unterhalten, entert der Nachwuchs auf dem Abenteuerspielplatz ein Holzschiff, schaukelt oder baut Sandburgen. Tierfreunde lassen sich einen Besuch bei den Ziegen, Minischweinen und Alpakas nicht entgehen. Spätestens jetzt wird auch der beste Freund des Menschen wieder munter werden, wenn ihm der Geruch der anderen Vierbeiner in die Nase steigt. Auf die Wasserratten unter den Hunden wartet aber noch eine weitere Überraschung: Direkt unterhalb der Anlage liegt eine für sie perfekte Badestelle. Von einer kleinen Sandbucht aus geht es ins seichte Ufergewässer des Flusses Regen, über den sich an dieser Stelle eine Brücke spannt, die das Gelände mit der Chamer Innenstadt verbindet.

Für einen Verdauungsspaziergang bietet sich der an die *Wasserwirtschaft* angrenzende Weg an. Er führt über Wiesen und in den Park *Quadfeldmühle*. Auch ein Kotbeutelspender steht bereit.

# 12

**Quadfeldmühle**
Janahofer Straße
93413 Cham
Großparkplatz P3 Altstadt Süd II direkt neben dem Freizeitgelände

**Tourist-Information Cham**
Propsteistraße 46
93413 Cham
09971 8579410
www.cham.de

## SPIEL, SPASS UND SPORT

### Freizeitgelände *Quadfeldmühle*

Die *Quadfeldmühle* ist Spielplatz, Sportplatz und naturnaher Park in einem. Zwei- und Vierbeiner aller Altersstufen finden hier Spaß und Erholung nach einem ausgedehnten Einkaufsbummel durch die Kreisstadt. Zu Fuß gelangt man über die Blaue Brücke auf das Areal, es steht aber auch ein gratis Parkplatz zur Verfügung. Eine große Sandfläche mit Wasserlauf und Spielturm zieht die Kleinsten magisch an, sportliche Teenager freuen sich über den Skater-Park, ein Beachvolleyball- und ein Basketballfeld sowie die Kletterwand. Für alle, die es ruhiger mögen, gibt es eine Boccia-Anlage, und müde Füße dürfen im Kneipp-Becken gekühlt werden. Lahme Pfoten werden im Quadfeldmühlbach, in dem es sich herrlich planschen lässt, wieder munter und chillen an einem der schattigen Plätzchen, von denen aus man die übrigen Familienmitglieder im Blick hat.

Auf der großen Grünfläche im Zentrum der Anlage kann man sonnenbaden, picknicken oder bolzen – erlaubt ist, was gefällt, denn der Rasen ist groß genug für alle. Hunde dürfen zwar nicht »ohne« herumtoben, aber niemand stört sich daran, wenn der Vierbeiner an der langen Leine unterwegs ist, und für eventuelle Hinterlassenschaften stehen Hundestationen bereit. Die zahlreichen Hecken und Nischen laden nicht nur zur Erholung, sondern auch zu Suchspielen mit dem Vierbeiner ein, kleine Mantrailing-Übungen kann man ebenfalls gut einbauen. Wer jetzt noch etwas über das Naturschutzgebiet *Regentalaue*, an dessen Rand der Park liegt, lernen möchte, begibt sich auf eine der Erkundungstouren für die ganze Familie: Eine Froschrally, eine Vogelstimmenerkundung und eine Wassersafari stehen zur Auswahl. Mit Hilfe von speziellen Fragebögen, die in der Tourist-Information erhältlich sind, lässt sich viel Wissenswertes zu diesen Themen selbständig lernen.

Das Zoogeschäft direkt gegenüber lädt ein zum Einkaufsbummel für und mit dem Vierbeiner.

18

**Kaffeeküche Cham**
Marktplatz 2
93413 Cham
0173 5871076
www.kaffeekueche-cham.de

# PARADIES FÜR KAFFEETANTEN

## Café-Bistro *Kaffeeküche Cham*

Dieser Duft! Das köstliche Aroma steigt offensichtlich selbst dem einen oder anderen Vierbeiner in die Nase. Mein Hund macht jedenfalls den Hals lang und würde liebend gern die Schnauze im luftigen Milchschaum des Cappuccinos versenken. Unter dem Tisch wird aber natürlich nur frisches Leitungswasser serviert – zuvorkommend und gratis, versteht sich. Für Fans der gerösteten Bohnen geht hier so gut wie jeder Wunsch in Erfüllung: Verschiedene Sorten werden aus aller Welt importiert und in der Kaffeerösterei direkt im Café vor unseren Augen geröstet. Handgebrühter Filterkaffe, French Press, Espresso … der Kenner hat bei der Zubereitungsmethode die volle Auswahl. Teeliebhaber und Gourmets kommen genauso auf ihre Kosten: Die Chefin selbst zaubert knusprige Flammkuchen und süße Köstlichkeiten mit so vielversprechenden Namen wie *Hüftgold*.

An warmen Tagen ist die Terrasse der ideale Platz zum »Sehen und Gesehenwerden«: ein Glas Latte macchiato und ein großes Stück Kuchen vor sich sitzt man mitten auf dem Chamer Stadtplatz und beobachtet das bunte Treiben rund um den Marktbrunnen. Das macht besonders Spaß, weil eine der Figuren regelmäßig ahnungslose Passanten »anspuckt«. Für Vierbeiner besitzt das 1995 geschaffene Kunstwerk ebenfalls eine besondere Anziehungskraft – kann man sich hier doch hervorragend die vom »Pflastertreten« müden Pfoten kühlen.

Wir machen es uns besonders gern an Regentagen in den alten Gemäuern des Bistros gemütlich, wenn wir einen der begehrten Plätze ergattern können, was nicht immer einfach ist. Wer erst einmal sitzt, steht eben nicht mehr so schnell auf. Hier wird gelesen, dort gestrickt oder in unserem Fall einfach nur »geratscht«. Egal bei welchem Wetter: in der Kaffeeküche vergeht ein entspannter Nachmittag wie im Fluge.

Genug Geld mitnehmen, denn Kaffee, Tee, Schokolade, Likör, ja sogar den selbst gebackenen Kuchen gibt es auch zum Mitnehmen, und kaum einer kann dem Angebot widerstehen.

14

**Bauerngolf der DJK Altenmarkt 1967**
Prälat-Wolker-Straße 1
93413 Cham
09971 3605
http://bauerngolf.bucher-michael.de

**Klostermühle Altenmarkt Ländliches Kulturzentrum**
Altenmarkt 6
93413 Cham
09971 760871
www.klostermuehle-altenmarkt.de

# LEITERWAGEN STATT GOLFCART

## Bauerngolf

Die Platzreife braucht keiner, der hier den Ball in das dafür vorgesehene Loch befördern will, und Trainingsstunden müssen ebenfalls nicht absolviert werden. Bauerngolf hält, was der Name verspricht: es ist ein Riesenspaß für Familien und Gruppen, kann aber auch gut zu zweit gespielt werden. Das »Hole« besteht aus einem im Boden eingelassenen Eimer, und die Schläger waren ursprünglich einmal Besenstiele, an deren Ende ein Holzschuh befestigt wurde. Zahlreiche Hindernisse erschweren das Einlochen des Balls, der selbstverständlich nicht klein und weiß, sondern groß und aus Leder ist. Bei diesem Spiel ist alles etwas größer, robuster und deutlich weniger edel als bei seinem Namensvetter, weswegen es selbst für Kinder im Vorschulalter ab circa vier Jahren schon bestens geeignet ist.

Ausgerüstet mit einem Leiterwagen für die Getränke, Kleidung oder für müde Vierbeiner und kleine Zweibeiner ziehen wir los. Auf gut einem Kilometer Bahnlänge gilt es, landwirtschaftliche Hindernisse wie Brennholzstapel, Rohre und Autoreifen zu bewältigen und mit möglichst wenig Schlägen einzulochen. Je nach Spielerzahl und Pausen braucht man dafür eineinhalb bis zwei Stunden. Den Golfrasen sucht man natürlich genauso vergeblich wie das Putting Green. Gespielt wird mitten in der Natur auf der Wiese, und es empfiehlt sich daher, statt schicker Sportmode feste Schuhe und robuste Kleidung zu tragen. Der Parcours verläuft durch die Regentalauen bis zum Quadfeldmühlbach und bietet eine schöne Aussicht auf die Altstadt von Cham. Ein ideales Gelände nicht nur für Kinder, sondern auch für den vierbeinigen Begleiter, der den Nachmittag in der Natur genauso genießt wie seine Familie. Wer noch einen Spaziergang anschließen möchte, findet zahlreiche Wege in der Umgebung.

Ganz in der Nähe (Prälat-Wolker-Straße 5) liegt das hundefreundliche Parkhotel und das ländliche Kulturzentrum Klostermühle.

# 15

**Gasthof Ödenturm**
Ernst Hunger
Am Ödenturm 11
93413 Chammünster
09971 89270
www.oedenturm.de

## KEINESWEGS ÖDE

### Gasthof Ödenturm

»Wir fahren zum Ödenturm«, sagen wir und meinen damit erst einmal nicht die spärlichen Überreste der einstigen Burg, die heute noch in Chammünster zu sehen sind. Außer dem Bergfried ist nichts mehr übrig von dem mittelalterlichen Gemäuer, und der Turm allein wäre nicht unbedingt einen Ausflug wert. Das darunter gelegene Gasthaus schon. Wobei »Gasthaus« stark untertrieben ist. Es gibt zwar eine urige Stube und bayerische Gemütlichkeit, aber die Küche bietet weit mehr, als man sich von einem typischen Wirtshaus erwartet. Nicht nur *Varta-Führer*, *Michelin* und der *Slow Food Genussführer* empfehlen hier eine Einkehr. Auch das Siegel »Ausgezeichnete Bayerische Küche« an der Tür macht deutlich: Der Inhaberfamilie ist der Spagat zwischen Gasthaus und erstklassigem Restaurant gelungen. Vom frischen Schweinebraten mit Reiberknödel bis zu Ricotta-Zitronen-Ravioli – hier schmecken traditionelle bayerische Gerichte genauso gut wie ausgefallene Kreationen. Ist auf der Speisekarte von »regional« die Rede, dann ist das keine Floskel, sondern es bedeutet, dass unter anderem Wild aus heimischer Jagd und verschiedene Produkte von einem im Nachbarort gelegenen Biohof verarbeitet werden.

Vor allem in gehobenen Restaurants sind vierbeinige Gäste aber meist nicht gerne gesehen, wenn sie nicht gar bereits an der Tür abgewiesen werden. Ist man gerade so geduldet, vergeht einem schnell der Appetit unter den kritischen Blicken der übrigen Gäste. Ganz anders im Ödenturm – die Atmosphäre ist locker, Hunde werden freundlich hereingebeten und fühlen sich sowohl auf der großzügigen Terrasse als auch in der geräumigen Gaststube auf Anhieb wohl. Schließlich gehen wir noch zum »echten« Ödenturm, der sich für einen kleinen Verdauungsspaziergang und als Kulisse für ein Erinnerungsfoto anbietet.

Hunde sind ebenso als Übernachtungsgäste willkommen und vor allem die beiden Bungalows sind ideal für Familien mit vierbeinigen Mitgliedern.

16

**Burgruine Runding**
Burgweg 1
93486 Runding
www.burg-runding.de

**Tourist-Information Runding**
Kirchstraße 6
93486 Runding
09971 856216
www.runding.de

**Liederbühne Robinson**
Seeweg 2
93486 Runding
09971 4651
www.liederbuehne.de

# ZEITZEUGE VIELER JAHRHUNDERTE

## Burgruine Runding

1.000 Jahre Geschichte – die verbliebenen Steine der ehemals größten Burg des Bayerischen Waldes könnten viel erzählen. Keramikfunde zeugen davon, dass auf dieser Anhöhe bereits im 9. Jahrhundert Menschen lebten, und die herrliche Aussicht lässt erahnen, warum auf dem Hügel eine Wehranlage errichtet wurde: Der herannahende Feind war bereits weithin sichtbar. Burgen dienten nicht nur der Verteidigung, sondern waren auch Wohnsitz und Statussymbol des Burgherren sowie wirtschaftlicher Mittelpunkt der Gegend. Dies wird deutlich, wenn man durch die zahlreichen, halb verfallenen Räume der Ruine schlendert. Wohnturm, Backofen, Pferdestall … mit etwas Fantasie sieht man vor dem inneren Auge, wie die circa 25 Personen, die hier im Mittelalter ihre Heimat hatten, ihren Alltagsbeschäftigungen nachgingen. Damit nicht alles der eigenen Vorstellungskraft überlassen bleibt, geben zahlreiche Schilder Antworten auf Fragen, wie »Was aß man damals?« oder »Womit spielten die Kinder?«

Aber nicht nur Mittelalterfans, auch Botanik-Begeisterte kommen auf ihre Kosten. Der Magerstandort bietet einer besonderen Flora beste Bedingungen, sodass man mit geschultem Blick unter anderem geschützte Heilpflanzen findet. Für vierbeinige Familienmitglieder ist das Gelände ebenso ideal wie für Kinder: Während letztere sich mühelos in die Rolle eines Ritters oder Burgfräuleins träumen, findet der Hund überall Mauerritzen, in die er die Nase stecken kann, und das abwechslungsreiche Gelände lässt keine Langeweile aufkommen. Sollten dringende Geschäfte anstehen: Am Eingang der kostenfrei zugänglichen Ruine stehen Tütchen und Abfalleimer bereit. Auch wenn Kriege und Verfall dem alten Gemäuer arg zusetzten, mittlerweile wurde nach Sanierungsarbeiten eine wunderschöne Anlage erhalten, die einen Familienausflug wert ist.

Am Sonntag lohnt sich eine Einkehr in der nahe gelegenen Liederbühne Robinson, die über eine gemütliche Gaststube mit Biergarten verfügt.

17

**Haidsteiner Hütte**
Monika und Michaela Geiger
Haidstein 1
93466 Chamerau
09941 9495292
www.haidsteiner-huette.de

## URIG BAYERISCHE EINKEHR

### Haidsteiner Hütte

Auf den Haidstein führen viele Wege, einer davon ist sogar mit dem Auto befahrbar. In vierbeiniger Begleitung verzichtet man darauf aber wahrscheinlich und wählt zum Beispiel den Aufstieg von Liebenstein aus. Man muss kein passionierter Wanderer sein, um in einer guten halben Stunde die Hütte zu erreichen, festes Schuhwerk ist aber angebracht.

Vom Hotel *Bayerwaldhof* in Bad Kötzting, Liebenstein 25, folgen wir der ausgeschilderten Abzweigung zum Parkplatz und anschließend dem Wegweiser auf den Pfad zum Haidstein. Der abwechslungsreiche Mischwald beherbergt viele Bewohner, sodass es ratsam ist, jagdlich interessierte Hunde zumindest mit einer Schleppleine davon abzuhalten, sich selbst mit einer »Brotzeit« zu versorgen. Oben angekommen mündet der Weg in eine weite Lichtung, auf der die Hütte vor einem liegt. An warmen Tagen lädt der Schatten alter Bäume im Biergarten zum Ausruhen ein, in der kalten Jahreszeit wärmt das prasselnde Feuer in der Gaststube.

Die Hüttenwirtinnen, die Schwestern Monika und Michaela Geiger, sind nicht nur beide vom Fach, sondern bewirtschaften »ihr Herzensprojekt« dazu mit Begeisterung. Hausgemachte Kuchen heißen nicht nur so, sondern schmecken auch nach Omas Sonntagsgebäck und wer einen Blick durch die Küchentür wirft, sieht, dass die Schnitzel frisch herausgebacken und die Knödel selbst gedreht werden. Haben Vegetarier gerade in traditionellen Gaststätten leider oft Schwierigkeiten, außer »Pommes Frites mit Ketchup« etwas auf der Karte zu finden, werden sie hier unter anderem mit Gemüsesuppe und -strudel verwöhnt. Die Begrüßung der vierbeinigen Gäste ist herzlich, frisches Wasser wird mitunter vor den Getränken für Zweibeiner serviert und ein Dackelblick oder eine dargebotene Pfote wird (nach Rücksprache) gern mal mit einem Leckerchen belohnt.

Nach dem Mittagessen kurz zur Wallfahrtskirche und zum Gipfelkreuz gehen (Achtung: steiler Felsabbruch, Hunde anleinen) und auf dem Rückweg noch einmal zu Kaffee und Kuchen einkehren.

18

**Berghaus Schönblick**
Hohenbogen 1
93453 Neukirchen
beim Heiligen Blut
09947 902949
www.schoenblick-
hohenbogen.de

## NICHT ZU VIEL VERSPROCHEN

### Berghaus Schönblick

Die Aussicht hält, was der Name verspricht: Bei gutem Wetter kann man von der Terrasse des Gasthofs aus weit über Bayern und Böhmen schauen. Wer sich für den etwas anspruchsvolleren Wanderweg entscheidet, hat zwischendurch immer wieder Ausblicke auf die umgebende Landschaft, quert kleine Rinnsale und klettert über einen felsigen Steig nach oben. Das ist zwar nicht gefährlich, aber etwas Trittsicherheit ist erforderlich. Bequemer und barrierefrei ist der Kinderwagenweg, der gleich neben dem Parkplatz beginnt. Allerdings ist das auch die weniger spannende Variante. Abenteuerlustigere Zwei- und Vierbeiner ziehen den oben erwähnten Pfad vor. Um dorthin zu gelangen, folgt man nach dem Parkplatz noch ein kleines Stück der Teerstraße bergauf. Nach etwa 150 Metern zweigt rechts der gut ausgeschilderte Weg in den Wald ab.

Das Berghaus auf 1.000 Metern Höhe bietet alles, was man von einer solchen Gaststätte erwartet: eine urige Stube mit schöner Terrasse, bezahlbare bayerisch-österreichische Küche und oft sogar echte Volksmusik von Gruppen aus der Umgebung. Viele freuen sich während des etwa einstündigen Aufstiegs auf einen Schweinsbraten aus dem Holzbackofen. Der *Hoibadotsch* (eine Art Heidelbeerpfannkuchen) und der hausgemachte Kaiserschmarrn locken indessen nicht nur Vegetarier auf den Gipfel des *Hohen Bogen*.

Hunde sind wie in allen Berghütten des Bayerischen Waldes, die wir bisher besucht haben, herzlich willkommen, und niemand stört sich daran, wenn das letzte Stück Schnitzel für den Vierbeiner aufgehoben wird. Wer einen Sonnenaufgang am Berg erleben und fernab vom Alltagstrubel entspannen will, sollte sich eine Übernachtung in einem der gemütlichen, mit Holz und Stein ausgestatteten Zimmer des Berghauses gönnen – natürlich mit vierbeinigem Familienmitglied.

Besucht man im Dezember den Bayerischen Wald, ist der *Bergwinter* in der Weihnachtszeit unbedingt einen Abstecher wert. Der romantische Markt auf 1.000 Metern Höhe ist ein echter Geheimtipp.

19

**Kolmsteiner Hof**
Kolmstein
Kreuzwegstraße 9
93453 Neukirchen
beim Heiligen Blut
09947 444
www.kolmsteiner-hof.
bayern

**Kolmsteiner Höhenweg**
Startpunkt: **Waldschlößl**
Waldschlößlstraße 12
93453 Neukirchen
beim Heiligen Blut
09947 1206
www.hotel-waldschloessl.de

## KLEIN ABER FEIN

### Kolmsteiner Hof und Höhenweg

Stolze 15 Prozent Steigung sind bei der Anfahrt zum Kolmsteiner Hof zu überwinden, aber am Ende der Kreuzwegstraße werden hungrige Ausflügler belohnt. Schon in den 50er-Jahren des vergangenen Jahrhunderts wurden direkt neben der Kirche *Maria Schmerzensmutter* Wallfahrer mit Kaffee und Kuchen bewirtet. Seitdem wurde das Angebot kontinuierlich erweitert und heute bieten die Wirtsleute neben hausgemachten süßen Spezialitäten auch herzhafte regionale Gerichte an. Besonders spezialisiert hat sich die Küche auf die Verarbeitung heimischer Kräuter und die *Nudeltage* im Haus sind längst kein Geheimtipp mehr in der Region. Bei schönem Wetter schmecken diese kulinarischen Genüsse auf der Terrasse mit Blick über das Freibachtal und den Hohenbogenwinkel doppelt gut. Eine echte Versuchung stellt die Pralinenwerkstatt dar, in der Köstlichkeiten wie Kokos- und Eierlikörtrüffel sowie die besondere Spezialität des Hauses, der *Hohenbogentrüffel,* hergestellt werden. Allen, die diese süße Sünde nicht nur im Urlaub kosten wollen, schickt die Familie Stumreiter ihre Pralinen gerne zu.

Vierbeinige Familienmitglieder genießen nicht nur die entspannte Atmosphäre des Restaurants, sondern vor allem die Lage: Direkt vor der Tür des Gasthofs liegen perfekte Gassirouten und wer sich die Kalorien am gleichen Tag wieder abtrainieren möchte, besucht den auf 750 Metern Höhe gelegenen Gasthof im Rahmen einer zehn Kilometer langen Rundwanderung. Der Kolmsteiner Höhenweg (Nk9) beginnt beim Hotel *Waldschlößl* in Neukirchen beim Heiligen Blut und führt meist auf Waldwegen, vorbei am Höllsteiner Kreuz, zum Kolmsteiner Hof. Nach der Einkehr geht es weiter Richtung Absetz. Von dort aus schließt sich die Runde über Mais (Nk13) und entlang eines Bächleins (Nk5) zurück nach Kolmstein und zum Ausgangspunkt.

In der Pension der Familie Stumreiter können Familien mit kleinen Hunden die Ruhe und Entschleunigung eines Urlaubs mitten im Wald genießen. Große Hunde können leider nicht beherbergt werden.

# 20

**Moorlehrpfad**
Regentalstraße
Parkplatz Seepark
Der »Klima-Terrain-Weg« startet auf der gegenüberliegenden Straßenseite, direkt beim Radweg
93474 Arrach

**Tourist-Information Arrach**
Lamer Straße 78
93474 Arrach
09943 1035
www.lamer-winkel.bayern

# ZWISCHEN LAND UND WASSER

## Moorlehrpfad Arracher Moor

Bei dieser Wanderung kommen Natur- und Kulturbegeisterte gleichermaßen auf ihre Kosten, und das ohne allzu große Anstrengungen, trockenen Fußes und mit sauberen Pfoten. Ermöglicht haben das der Naturparkverein und einige Landwirte der Region, die einen 500 Meter langen Bohlensteg aus Lärchenholz durch die rund zehn Hektar große Fläche verlegten. Auf diese Weise wird die sensible Vegetation geschützt, und der Besucher kann getrost Gedanken an Irrlichter und Moorleichen zur Seite schieben.

Auf dem *Klima-Terrain-Weg* wurden zudem verschiedenste Kunstobjekte angebracht. Während wir gläserne Bilder von Schmetterlingen, Blumen und Schlangen bewundern, ist unser vierbeiniger Begleiter damit beschäftigt, die realen Vorbilder für diese Werke zu erschnüffeln. Seine Chancen stehen gut, denn das Moor ist ein sehr vielfältiger Lebensraum. Hunde interessieren sich besonders für die zahlreichen Eidechsen, Mäuse und Frösche, die im Naturschutzgebiet eine Heimat gefunden haben. Aber Vorsicht: Auch der wehrhafte Biber und die giftige Kreuzotter fühlen sich hier wohl. Allerdings hängt von den meisten Bewohnern der Moorlandschaft oft nur noch der Geruch in der Luft, wenn die Fellnase Witterung aufnimmt – unser Getrampel über die Bohlen dürfte sie längst verscheucht haben. Neben den Kunstelementen, die sich mit dem Thema Natur befassen, gibt es zahlreiche Informationstafeln und gleich zu Beginn des etwa dreieinhalb Kilometer langen Weges werden wir umfassend über die Entstehung des gut 6.000 Jahre alten Moores aufgeklärt. Hier wuchsen Rausch- und Moosbeeren, Wollgras und Birken schon lange, bevor *Ötzi* lebte und die Buche in unseren Breiten heimisch wurde. Zahlreiche Schutzmaßnahmen ermöglichen es, dass wir in Arrach heute eines der letzten Hochmoore Nordbayerns bestaunen können.

Wer mehr über das Moor erfahren will, meldet sich bei der Tourist-Information in Arrach zu einer der Führungen an, die von Mai bis Oktober angeboten werden.

# 21

**Panoramapark**
Gratis Parkplatz in der
Kinogasse
93462 Lam

**Tourist-Information Lam**
Marktplatz 1
93462 Lam
09943 777
www.lamer-winkel.bayern

# FITNESS MIT AUSBLICK

## Panoramapark

Fitnessstudio, Naturerlebnis, Spielplatz und Entspannung – der Panoramapark vereint alle diese Aspekte. Der *Fital-Parcour* bietet Spaß und Bewegung für Jung und Alt in Begleitung des vierbeinigen Familienmitglieds. Unter freiem Himmel trainieren, dazu den weiten Ausblick über das Tal bis hin zum Arber genießen und dabei den Hund an seiner Seite zu haben – eine echte Alternative zur »Muckibude«, finden wir. Unser Hund hat gleich aus eigenem Antrieb seine Balance-Künste auf dem Schwebebalken demonstriert, während ihm die übrigen Geräte allerdings nicht ganz geheuer waren. Macht aber nichts, er konnte im Schatten liegen, während wir etwas für Kondition und Gleichgewichtssinn machten.

Für Sohlen und Pfoten gleichermaßen eine interessante Erfahrung ist der gepflegte Barfußpfad. Um die gröberen Steine machen zwar nicht nur Zweibeiner gern mal einen Bogen, aber feiner Kiesel, Tannenzapfen, Hackschnitzel und vieles mehr sind für alle ein Erlebnis. Menschliche und tierische Nasen freuen sich über die Gerüche und Düfte, die Nasch- und Bauerngarten sowie die Blühwiese, die für Insekten angelegt wurde, verströmen.

Die jüngsten Familienmitglieder können auf dem großzügigen Spielplatz ihre Kletterkünste unter Beweis stellen, Burgen im Sandkasten bauen, schaukeln und rutschen. Wenn schließlich alle nach so viel sportlicher Betätigung eine Ruhepause brauchen, entspannt die ganze Familie auf den Wellenliegen mit Ausblick über das Tal. Wer will, kann an den Parkbesuch noch eine etwa zehn Kilometer lange, leichte Rundwanderung zum Thema Glas anschließen. Sie beginnt direkt am Parkplatz und informiert an sieben Stationen über die Geschichte der Glasherstellung und das harte Leben der Glasmacher in der Region.

Nur ein paar Meter vom Park entfernt lädt der *Rösslwirt* mit Biergarten im Innenhof zu einer Stärkung ein.

22

**Sonnbichl**
Lambacherstraße 31
93462 Lam
09943 733
www.sonnbichl.de

**Blaslhöhe**
Oberschmelz 1
93462 Lam
01512 7029541
www.kaffeehaus-blaslhoehe.com

## AUF DER SONNENSEITE

Hotel *Sonnbichl*

*Sonnbichl* bedeutet »Sonniger Hügel« und der Name verspricht nicht zu viel. Unterhalb der Zufahrtsstraße zum Hausberg Osser liegt das Hotel an einem Hang, umgeben von weiten Wiesen. Von der Terrasse aus genießt man den unverbauten Ausblick über den gesamten Lamer Winkel bis hin zu den Bergen des Bayerischen Waldes. Das *Sonnbichl* ist kein reines Hundehotel, heißt aber alle Familienmitglieder herzlich willkommen und geht auf die Bedürfnisse der Vierbeiner ein. Bereits an der Tür erkennt man an der Hundestation, dass hier auch vierbeinige Gäste wohnen, die ihre Menschen selbstverständlich ins Restaurant begleiten dürfen. Das Küchenteam ist besonders stolz auf die Verarbeitung regionaler, saisonal zusammengestellter Produkte, und da alles frisch zubereitet wird, kann problemlos auf Unverträglichkeiten und Allergien Rücksicht genommen werden.

Für Wellnessfans gibt es speziell abgestimmte Angebote: So können sich schon Kinder ab acht Jahren wie kleine Prinzessinnen oder Fußballstars verwöhnen lassen, der *Boxenstopp* ist reine »Männersache« und für Liebhaber des Gerstensafts ist ein Biersudbad Pflicht, bei dem man in dem Getränk baden und es gleichzeitig schlürfen kann. Als Ausgangspunkt für Aktivurlaube ist das *Sonnbichl* ebenso ideal: Der Lamer Winkel bietet unzählige Wanderwege und die »acht Tausender« des Bayerischen Waldes sind mit dem Auto schnell zu erreichen. Ganz in der Nähe liegt der Wanderparkplatz *Osser-Sattel*, von wo aus man zu Fuß in einer guten Stunde auf den 1.293 Meter hohen Gipfel gelangt. Hier erwartet einen eine grandiose Aussicht über den Böhmerwald und bis zu den Alpen. Die letzten 50 Höhenmeter verleiten sogar zu einer Kletterpartie, die aber nicht zwingend ist, wenn man sich im Schutzhaus mit einer Brotzeit stärken will.

Nur einen Spaziergang vom Hotel entfernt liegt das *Kaffeehaus Blaslhöhe*, wo Konditormeister Richard Riehl in der urigen Gaststube hausgemachte Kuchen und Torten anbietet.

# 23

**Bayerwald-Tierpark Lohberg**
Schwarzenbacher Straße 1A
93470 Lohberg
09943 8145
www.bayerwald-tierpark.de

**Café »Zum Sahneberg«**
Berghäusl 1
93470 Lohberg
09943 1803
www.cafe-sahneberg.de

# HEIMISCHE TIERE AUF AUGENHÖHE

## Bayerwald-Tierpark Lohberg

Wer im einzigen Zoo der Oberpfalz Affen, Elefanten und Löwen sucht, wird enttäuscht sein. In Lohberg ist alles etwas kleiner und weniger spektakulär als in den großen Tiergärten des Landes, aber trotzdem ist der Bayerwald-Tierpark einen Ausflug wert. Barrierefrei, hundefreundlich und mit ausreichend kostenlosen Parkmöglichkeiten vor der Tür ausgestattet, ist der Park ein ideales Ziel für die ganze Familie. Den Kleinsten bietet er zudem einen Spielplatz und einen Streichelzoo, in dem Kuscheln und Füttern (natürlich nur mit der zuvor an der Kasse erworbenen Spezialnahrung) ausdrücklich erlaubt sind.

Aber zurück zu den Bewohnern – warum findet man auf dem Gelände statt Papageien Eulen und statt Tigern Luchse? Wie der Name schon vermuten lässt: Es geht um den Bayerischen Wald. Hier, am Fuße des Großen Arbers, leben ausschließlich Tiere, die im bayerisch-böhmischen Grenzgebiet natürlich vorkommen, früher einmal hier beheimatet waren oder zumindest problemlos in unseren Breiten leben könnten. Schließlich sind das nicht wenige: Der etwa eineinhalb Kilometer lange Rundweg führt vorbei an gut 400 Tieren, die circa 100 verschiedenen Arten angehören. Es lohnt sich also, am Elchsee vorbeizuschauen, den Aussichtsturm am Wolfsgehege zu erklimmen oder den Luchs im Bergwald zu besuchen. Denn während man Specht, Fuchs und Biber vielleicht schon einmal bei der Hunderunde frühmorgens oder in den Abendstunden beobachten konnte, stehen die Chancen auf eine Begegnung mit solchen Waldbewohnern in freier Natur doch eher schlecht. Für alle, die an der heimischen Fauna besonders interessiert sind, bietet Tierärztin und Tierparkleiterin Claudia Schuh regelmäßig geführte Touren in der Abenddämmerung und spezielle Rundgänge für Familien an.

In knapp drei Kilometer Entfernung liegt das *Café »Zum Sahneberg«*. Hausgemachte Kuchen, Torten und Brotzeiten, ein wunderschöner Biergarten – ideal zum Entspannen für Zwei- und Vierbeiner.

24

**Weinfurtner –**
**DAS GLASDORF**
Zellertalstraße 13
93471 Arnbruck
09945 94110
www.weinfurtner.de

**Beerenfleckerl**
Ecker Straße 42
93471 Arnbruck
09945 2222
www.beerenfleckerl.de

# VIEL MEHR ALS NUR GLAS

*Weinfurtner – DAS GLASDORF*

Frösche, Eulen, Fische … ein gläserner Tiergarten erstreckt sich über das Gelände dieses »Dorfs«. Hier hat zwar alles irgendwie mit Glas zu tun, aber es gibt noch viel mehr zu erleben als die filigranen Kunstwerke. Bevor die bunten Skulpturen eventuell für Kinder langweilig werden, entdeckt der Nachwuchs schon den Bauernhof mit Eseln, Schafen und Ziegen, den Drachenhügel, die Arche und, und, und. Müde von den Eindrücken genügt ein Sprung über ein Bächlein, um in einer der Nestschaukeln beim leisen Plätschern des Wassers so richtig »abzuhängen«. Das vierbeinige Familienmitglied? Das ist natürlich überall mit dabei, eine Ausnahme ist lediglich das Modegeschäft im Schmiedhaus. Im *GLASDORF* gibt es weder ein »Wir müssen draußen bleiben« in den Gebäuden noch ein »Nur für Kinder unter 12 Jahren« am Spielplatz. Alles ist barrierefrei, kinder- und hundefreundlich – niemand wird ausgeschlossen. Wer will, kann entspannt mit dem Hund auf dem Schoß schaukeln oder das Holzschiff auf dem Spielplatz erklimmen und Ziegen beobachten. Bei aller Freiheit: Der vierbeinige Freund bleibt im Dorf natürlich angeleint.

Auch Shopping-Fans kommen bei Weinfurtner voll auf ihre Kosten. Preisgünstige Gebrauchsgläser erhält man hier ebenso wie edle Trinkgläser, Porzellan, Gartenaccessoires und vieles mehr. Außerdem hat ein Christkindlmarkt im Haus *Vier Jahreszeiten* für alle Weihnachtsfans das ganze Jahr über geöffnet. Hunger, Durst, Lust auf etwas Süßes? Wer in diesem Dorf nichts findet, ist selber schuld: Von Bayerischen Brotzeiten über Kuchen und Torten aus der hauseigenen Konditorei bis hin zu selbst gemachtem Eis im Eiscafé *KUH-le-MUH* gibt es hier ziemlich alles, was man sich nach einem erlebnisreichen Tag wünscht, und auch für den Vierbeiner steht selbstverständlich überall Wasser bereit.

Im Sommer können Sie sich im *Beerenfleckerl* mit erntefrischen Bio-Heidelbeeren eindecken. Unbedingt vorher anrufen, ob geöffnet ist.

# 25

**Ferienhaus Geiger**
Kieslau 60/Zellertal
93444 Bad Kötzting
09945 673
www.ferienhaus-geiger.de

# KANADA IST SO NAH

## Ferienhaus Geiger

Morgens auf die Terrasse vor das Blockhaus zu treten, dem Gesang der Vögel zu lauschen und sich abends mit einer Tasse Tee am offenen Feuer des Kamins zu wärmen, das ist Hüttenromantik pur! Sicher sieht der Vierbeiner das ähnlich wie wir. Was gibt es Schöneres, als die Gassirunde gleich auf der Wiese vor der Tür zu beginnen und dabei die Nase in den Wind zu halten? Schließlich riecht es gerade in der Früh am Waldrand verlockend nach allerlei Wild! Und dann, nach einem Tag voller Erlebnisse, vor den prasselnden Flammen alle Viere von sich zu strecken?

Nein, ich spreche nicht von Kanada, und Sie brauchen Ihrem treuen Begleiter keinen Flug zuzumuten, um ein paar Tage in einem Chalet zu genießen. Im Zellertal können Sie sich das auch mitten im Bayerischen Wald gönnen. In ruhiger Südhanglage befindet sich hier eine Anlage mit mehreren Ferienwohnungen und drei exklusiven Ferienhäusern, von der aus man mit dem Auto schnell die unterschiedlichsten Ausflugsziele und Städte wie Passau oder Regensburg erreicht. Wer eine der schönsten Touren des Bayerischen Waldes gehen möchte, kann den Wagen sogar stehen lassen, denn direkt vor der Haustür beginnt der Aufstieg auf den 1.132 Meter hohen Kaitersberg. Alle, die es lieber langsamer angehen lassen, nutzen die zahlreichen Spazierwege, die durch den angrenzenden Bach für Vierbeiner besonders reizvoll sind. Aber nicht nur Hunde, auch Kinder fühlen sich auf dem Gelände, das weitab von Durchgangsstraßen liegt, so richtig wohl. Dafür sorgen unter anderem ein Spielzimmer, Tischtennisplatten und ein Bolzplatz. Nach einem gelungenen Tag freut sich die ganze Familie auf den Grillabend, aber besonders die Fellnase wird noch lange von den Würstchen träumen, die so herrlich nach Rauch geduftet haben.

Will man die gut ausgestattete Küche seines Feriendomizils nicht zu jeder Mahlzeit nutzen, findet man in dem rund zehn Autominuten entfernten Bad Kötzting zahlreiche hundefreundliche Restaurants.

26

**Lindner-Bräu**
Weißenregener Straße 4
93444 Bad Kötzting
09941 1429
www.lindner-braeu.de

# UNTER KASTANIENBÄUMEN

## Brauerei-Gasthof *Lindner-Bräu*

Zum *Lindner* gehen die Kötztinger, wenn sie Lust auf einen richtig guten Schweinebraten haben, oder einfach nur, um sich ein Feierabendbier für zu Hause zu holen. Die Gaststätte mit eigener Brauerei ist eine Institution, an der man kaum vorbeikommt – besonders, wenn man einen echten Biergarten in unserer Gegend sucht. Seit 1870 wird hier mit Wasser aus der eigenen Quelle nach dem bayerischen Reinheitsgebot gebraut. Das helle Vollbier Kaitersberger Export und der Doppelbock *Chostingator* sind legendär. Nicht ohne Grund ist der *Lindner* die einzige von den ehemals sechs Brauereien der Stadt, die heute noch existiert.

Aber nicht nur für Liebhaber des Gerstensaftes ist das Wirtshaus eine echte Empfehlung. Die Küche geht mit der Zeit, und neben typischer Hausmannskost wie Schweinebraten und frischer Tellersulz stehen auch vegetarische Gerichte auf der Speiskarte, die tagesaktuell durch saisonale Kreationen ergänzt wird. Wie es sich für einen typischen Biergarten gehört, lässt man im Schatten von Kastanienbäumen sitzend, untermalt vom Plätschern des Flusses, die Seele baumeln und genießt entspannt die kulinarischen Köstlichkeiten. Gelassen sind auch die Vierbeiner, die unter einigen der Tische liegen und sich ebenfalls einen kühlen Schluck – allerdings alkoholfrei aus dem Napf – genehmigen.

Ob Hunde mit in die Gaststube dürften, fragen wir. Die Antwort der Servicekraft kommt prompt und fällt eindeutig aus: »Freilich, es sind schon einige drinnen«.

Satt und zufrieden unternehmen wir nach dem Essen noch einen kleinen Verdauungsspaziergang beziehungsweise eine Gassirunde. Dazu brauchen wir nur die Fußgängerbrücke zu überqueren, die den Biergarten mit dem Kurpark (in dem es auch Hunde-WCs gibt) verbindet.

Die Gaststätte ist bei Einheimischen und Gästen gleichermaßen beliebt und entsprechend gut besucht. Am Wochenanfang ist die Chance auf einen ruhigen Abend am höchsten.

27

**Kurpark Bad Kötzting**
Startpunkt Spaziergang:
**Kur- und Gästeservice Bad Kötzting**
Bahnhofstraße 15
93444 Bad Kötzting
09941 40032150
www.bad-koetzting.de

**Goggolori**
Spitalplatz 1
93444 Bad Kötzting
09941 904949
www.goggolori.de

## ERHOLUNG UND SPORT IM PARK

### Kurpark Bad Kötzting

Wer beim Namen »Kurpark« Kranke vor Augen hat, die auf öden Wegen ihre Runden drehen, liegt falsch. In der größten Parkanlage der Oberpfalz pulsiert das Leben – von Langeweile keine Spur. Auf fünf Kilometern sind dank Barrierefreiheit Senioren mit Rollator genauso unterwegs wie Teenager auf Rollern und Mütter mit Kinderwägen. Nicht nur der Spielplatz, auch Tischtennisplatten, ein Schachfeld und die Minigolfanlage sind beliebte Anziehungspunkte für Familien. Sie wollen feststellen, wie fit Sie sind? Auf einer extra ausgewiesenen Gehteststrecke lässt sich die eigene Leistungsfähigkeit messen. Hundefreunde erreichen mit Sicherheit mehr als die angegebene Minimalstrecke.

In vierbeiniger Begleitung ist der *Motorikpfad* besonders interessant. Nach dem gemeinsamen Meistern der Hängebrücke über den Kursee gelangt man zu verschiedenen Holzgeräten, an denen die Motorik auf die Probe gestellt wird. Das gemeinsame Balancieren auf der schwebenden Holzplattform oder dem wackelnden Steg erfordert viel Geschicklichkeit und gegenseitiges Vertrauen. Auch für alle, die weniger sportliche Aktivitäten und mehr Erholung suchen, hat das 12,6 Hektar große Areal in den Auwiesen einiges zu bieten. Mehrere Kneippeinrichtungen, ein Weg zur Fußreflexzonenmassage, ein Kräutergarten mit Kräuterschnecke und zahlreiche Ruhebänke zwischen duftenden Blumenbeeten laden dazu ein, die Seele baumeln zu lassen.

In den Sommermonaten finden zudem an allen Sonntagen im Freizeitpavillon Konzerte statt. Das vierbeinige Familienmitglied darf einen (an der Leine) überallhin begleiten. Dass man dabei den Hund weder durchs Kneippbecken planschen noch im Sandkasten buddeln lässt, versteht sich von selbst. Für die Hinterlassenschaften stehen Tütenspender bereit.

Wem der Kiosk im Park nicht reicht, dem sei das nahe gelegene Bistro *Goggolori* mit Frühstück, Kuchen und herzhaften Gerichten empfohlen. Achtung: Sonntag ist Ruhetag.

28

Direkt am **Blaibacher See** liegt der **Kiosk am See**
Gmündt 3 A
93476 Blaibach
0160 6775968

**Tourist-Info Blaibach**
Kirchplatz 6
93476 Blaibach
09941 9450 13
www.blaibach.de

## BADESPASS UND OPEN AIR

### Blaibacher See

Der Blaibacher See ist gewissermaßen der kleine Bruder des Höllensteinsees. Diese zweite Staustufe des Flusses Schwarzer Regen entstand rund 40 Jahre später und ist mit drei Kilometern Länge auch etwas kleiner. Das beliebte, aber trotzdem nicht überlaufene Ausflugsziel liegt direkt an der Verbindungsstraße von Kötzting nach Miltach und ist leicht mit dem Auto zu erreichen. Empfehlenswert für alle, die in Begleitung eines Vierbeiners unterwegs sind, ist der Wanderweg am rechten Ufer. Abwechslungsreich führt er durch einen lichten Mischwald und direkt am Wasser entlang, vorbei an ausgedehnten Wiesen. Dabei verlocken zahlreiche kleine Buchten dazu, sich die Pfoten zu erfrischen und ausgelassen im kühlen Nass zu planschen. Auf der anderen Seeseite gibt es auch einen kostenlosen, großen Badeplatz, allerdings sind Hunde dort nicht ganz so gern gesehen.

Willkommener Gast ist der beste Freund der Familie dagegen im Kiosk am See. Nach einem ausgedehnten Spaziergang entlang des aufgestauten Flusses lässt man sich hier eine Brotzeit und ein kühles Bier aus der Region schmecken oder beschließt den Ausflug bei Kaffee und Kuchen. Ein Geheimtipp unter den Einheimischen sind die Konzerte, die in den Sommermonaten abends (meist sonntags oder mittwochs) auf der Bühne beim Kiosk stattfinden. Sie denken, ein Open Air sei für Hundeohren ungeeignet? Nicht unbedingt – wenn im Schein bunter Lichterketten internationale Bands auftreten, wird es meist nicht besonders laut, und auch Menschenmassen sind kaum zu erwarten. Außerdem ist das Gelände groß genug, sodass jeder selbst bestimmen kann, wie viel Nähe zur Musik ihm guttut. Einem entspannten Konzertabend unter freiem Himmel in der Natur steht also nichts mehr im Wege.

Einen kurzen Abstecher wert ist die Fischtreppe direkt neben der Staumauer. Sie ermöglicht es den Wasserbewohnern, die sechs Meter Höhenunterschied zwischen Unterlauf und See zu überwinden.

# 29

**Café Bistro Lieblingsplatz**
**Vegetarisch & Vegan**
Oberes Dorf 32
93476 Blaibach
09941 4077537
www.lieblingsplatz-blaibach.de

# DER NAME IST PROGRAMM

*Café Bistro Lieblingsplatz*

Ganz in Schwarz, modische Schleife im Haar – so empfängt Cindy, die vierbeinige Chefin des Hauses, die Gäste an der Tür. Aber keine Angst, Sie sind auch in Jeans und T-Shirt absolut korrekt gekleidet. Sollte Ihr Hund weniger sozial eingestellt sein, ist das kein Problem. Cindy meidet diskret jeden Tisch, an dem Sie nicht gefragt ist – ganz Profi eben. Apropos Tisch: den sollten Sie für abends reservieren, denn das Bistro ist für viele Einheimische im wahrsten Sinne des Wortes ein Lieblingsplatz. Nicht nur Veganer sind begeistert von dem großen Angebot, das frische Salatvariationen, Pizzen, Veggi-Burger, hausgemachtes Eis, Kuchen und vieles mehr bietet. Wir haben bisher keinen Flexitarier kennengelernt, dem es nicht geschmeckt hätte. Sollten Sie gerade überlegen, auf einen fleischlosen Ernährungsstil umzusteigen, gibt Ihnen die freundliche Chefin gerne Tipps dazu.

Die kurze Wartezeit aufs Essen lässt sich gut im Laden über dem Bistro überbrücken. Ausgefallene Geschenke, Verschiedenes für Vierbeiner und vegetarische Produkte laden zum Stöbern ein. Den Cocktail kann man in einem hellen Raum bei Billard und Tischkicker genießen oder sich eins der Brettspiele ausleihen, während kleinere Kinder sich in der Spielecke vergnügen. Im Sommer kommt echtes Urlaubsfeeling im Biergarten und am Ministrand auf, der mit Baggern, Sandförmchen und Liegestühlen ausgestattet ist. Eine Warnung zum Schluss: Es könnte sein, dass Sie sich nicht nur in den *Lieblingsplatz*, sondern auch in ein neues Familienmitglied verlieben. Gleich neben der Terrasse tummeln sich Kaninchen und Hunde, die die Inhaber des Cafés für Tierschutzorganisationen vermitteln. Wer will, kann sich bei Kaffee und Kuchen von ihnen informieren lassen. Und wer weiß, vielleicht haben Sie bald einen neuen Mitbewohner?

Für einen Verdauungsspaziergang bietet sich der Radweg gleich hinter dem Haus an.

# 30

**Spaziergang am Regen**
Startpunkt: Parkplatz am
Fußballplatz
Weiherwiesenweg
93476 Blaibach

## FEIERABENDRUNDE

### Spaziergang am Regen nach Miltach

Einheimische verabreden sich hier gern nach der Arbeit zu einer abendlichen Gassirunde. Wer mehr Zeit mitbringt, kann eine echte Genusstour aus dem Weg machen, denn überall locken hundefreundliche Einkehrmöglichkeiten. Unsere Empfehlung: wenn der Hinweg geschafft ist, gönnen wir uns einen Kaffee mit einer frischen Waffel im Café Waffel in Miltach. Wieder zurück in Blaibach lassen wir den Tag im Café Bistro Lieblingsplatz ausklingen.

Wir starten unsere Tour in Blaibach am Fußballplatz, folgen ein paar Meter der Teerstraße Richtung Bahngleise und queren diese an einem unbeschrankten Übergang. Jetzt beginnt der Pfad, der sich zwischen Bahnstrecke und dem Fluss Regen über die Wiesen schlängelt. Wer stramm marschiert, erreicht auf diesem gut dreieinhalb Kilometer langen Weg in einer knappen Dreiviertelstunde Miltach. Lässt man es jedoch wie wir langsamer angehen, ist man erst nach gut einer Stunde dort. Warum auch sollten wir uns hetzen? Die Hunde genießen die Abstecher zum Wasser, wo das Ufer an mehreren Stellen sanft abfällt, sodass sie sich problemlos in die Fluten wagen können. Nach dieser Erfrischung steht einem ausgelassenen Spiel nichts mehr im Wege und für den Rest des Weges sind die Fellnasen voll und ganz mit Schnüffeln beschäftigt. Schließlich hinterlassen hier viele Vierbeiner ihre Duftmarken, und der eine oder andere Hase hoppelt in der Dämmerung vorbei.

Auch wenn das Gelände ideal erscheint für ein »leinenloses« Vergnügen: Die nahe Bahnstrecke ist zwar nur selten befahren, aber ab und zu kommt ein Zug vorbei. Jeder muss selbst entscheiden, wie sicher und schnell der eigene Vierbeiner dann auf den Rückruf reagiert. Im Zweifelsfall ist bestimmt eine lange Schleppleine die bessere Wahl.

Tütchen vergessen? Beim Parkplatz gibt es eine Hundestation, sodass man sich rechtzeitig eindecken kann und nicht in die Verlegenheit kommt, Tretminen auf den Wiesen zurückzulassen.

# 31

**Café Waffel**
Bahnhofstraße 20
93468 Miltach
09944 3414118
www.waffelbahnhof.de

# GENIESSEN IM ALTEN BAHNHOF

## Café Waffel

Eisenbahnfans und Naschkatzen bekommen beim Anblick des Miltacher Bahnhofs leuchtende Augen. Fahrkarten werden hier zwar seit 1993 nicht mehr verkauft, aber die Strecke von Bad Kötzting nach Cham ist weiterhin in Betrieb und die Räumlichkeiten erhielten 2017 ihre neue Bestimmung als Café. Die *Otto Beier Waffelfabrik* kaufte das Gebäude und legte beim Umbau großen Wert darauf, den historischen Stil nachzuempfinden. Wer durch die großen Fenster auf die Schienen schaut, spürt tatsächlich etwas von der langen Tradition des Bahnhofs, der Ende des 19. Jahrhunderts errichtet wurde und in dem 1957 Konrad Adenauer in seinem Sonderzug übernachtete.

Mit etwas Glück ergattern Sie einen Platz in dem ausrangierten, original Mitropa-Speisewagen, um Kaffee und Kuchen zu genießen. Bei schönem Wetter bevorzugen jedoch die meisten den Biergarten, wo die Züge direkt am Tisch vorbeifahren, während man sich die frisch zubereiteten Waffelvariationen schmecken lässt. Selbst wenn die Erwachsenen zu lange beim Kaffee entspannen, hat Langeweile bei Kindern dank Spielplatz mit Kletterturm, Rutsche und Blick auf die Gleise keine Chance.

Nach einer ausgiebigen Brotzeit kommt kaum einer an der Glastür neben der Kuchentheke vorbei. Sie führt zum Werksverkauf der *Otto Beier Waffelfabrik*, wo neben den hauseigenen Produkten zahlreiche Süßwaren anderer namhafter Hersteller dazu einladen, sich einen Vorrat für zu Hause mitzunehmen. Bio, lactose- und glutenfrei, das Angebot lässt kaum Wünsche offen und entsprechend beladen mit Einkaufstüten verlässt man das Geschäft. Hunde sind zwar drinnen wie draußen herzlich willkommen, aber in den Laden dürfen sie ihre Familie nicht begleiten. Zu groß wären die knusprigen Verlockungen auf Schnauzenhöhe, der wohl nur die wenigsten Vierbeiner widerstehen könnten.

Das Café bietet auch Themenwochen und an Wochenenden ein Frühstücksbuffet an. Für beides sollte man unbedingt reservieren. Als Gassirunde eignet sich der Regentalradweg, der am Café vorbeiführt.

# 32

**Elli Stahl**
**Alles für Katze und Hund**
Untere Ringstraße 10
93455 Traitsching-Sattel-peilnstein
09974 7244 oder
0162 3413853

# HEIMTIERBEDARF – KLEIN, ABER OHO

## Tierbedarf *Elli Stahl* in Sattelpeilnstein

»Kommst du noch schnell mit zur Elli?« – Tierfreunde im Landkreis Cham wissen, was damit gemeint ist. Auch wenn es sich so anhört: Es handelt sich nicht um einen gemeinsamen Abend in einer Kneipe, sondern um einen Abstecher ins Geschäft von Elli Stahl. Tatsächlich ist es eher ein Besuch als ein Einkauf, denn das Shoppingerlebnis geht weit über das Übliche hinaus. Hier wird nicht einfach allerhand Nützliches (und mitunter weniger Nützliches) in den Korb gelegt, sondern gefachsimpelt, diskutiert und in Ruhe ausgewählt. Neben hochwertigen Futtermitteln, Spielzeug und allerhand Zubehör sind auch maßgefertigte Halsbänder, Leinen und Geschirre im Angebot. Wer sich angesichts dieser Fülle ein riesiges Geschäft vorstellt, liegt falsch. Die Räume sind klein, eng und bis auf das letzte Fleckchen ausgefüllt mit ausgesuchten Artikeln rund um unsere Haustiere. Trotzdem ist alles übersichtlich und es bleiben keine Wünsche offen. Eine Zahnbürste für den Hund, biologisch abbaubare Kotbeutel? Kein Problem – mit sicherem Griff befördert die Inhaberin auch ausgefallene Waren auf den Tresen.

Die eigentliche Stärke liegt aber woanders: Die Katze mäkelt, der Hund verträgt sein Futter nicht? Elli Stahl fragt nach, berät und empfiehlt schließlich ein passendes Produkt. Schnäppchenjäger, die ihre Vierbeiner am liebsten mit Produkten aus dem Discounter ernähren, werden allerdings nicht zufrieden sein. Die Geschäftsfrau sagt klar und deutlich, was sie von derlei Nahrungsmitteln hält und welche Auswirkungen sie auf die Gesundheit Ihres vierbeinigen Freundes haben können. Der braucht währenddessen natürlich nicht im Auto zu warten. Es sei denn, er hat ein Problem mit Katzen, denn die Stubentiger empfangen ihre potentiellen Kunden bereits auf dem Hof, um sie anschließend fachkundig durch den Laden zu führen.

Unbedingt vorher anrufen, um nicht vor verschlossenen Türen zu stehen. So individuell wie die Beratung sind auch die Öffnungszeiten.

# 33

**Zookies**
Obere Bachgasse 2
93047 Regensburg
0941 38215969
www.zookies.de

# DER HUNDEKUNDE IST KÖNIG

## Tierbedarf *Zookies*

Obere Bachgasse 2 – an dieser Adresse kommen Sie in Begleitung Ihres Vierbeiners garantiert nicht vorbei. Mit sicherem Gespür, Nase auf dem Boden, werden Sie mit der gleichen Vehemenz in den Laden gezogen, mit der Kinder einen in eine Konditorei schleppen. Bei *Zookies* duftet es nach ganz besonderen Leckereien. In einer großen Vitrine erwarten einen Erdnusskringel, *Pizzinis* und *Käsekätzchen*, um nur einen Teil der üppigen Auswahl an stets frisch gebackenen Hundekeksen aufzuzählen. Ehe Sie sich's versehen, steht ihr Begleiter nur noch auf zwei statt auf vier Beinen und lässt sich – die Pfoten auf dem Tresen – kleine Kostproben reichen. Der Mensch hält sich im Hintergrund und zückt die Brieftasche. Meistens kommt man um eine große gemischte Tüte nicht herum.

Freigiebige Hunde erlauben ihrem zweibeinigen Freund wenigstens, von den handgefertigten Nusswellen und Kokoskugeln zu kosten. Es soll sogar Gesundheitsbewusste geben, die die ungesüßten Knabbereien gar nicht für ihr Haustier, sondern für sich selbst holen. Das Angebot in dem kleinen, aber feinen Laden geht weit über Gebäck hinaus. Daher sind ein gut gefüllter Geldbeutel und eine große Tasche sinnvoll, wenn man zu *Zookies* geht. Nicht nur der Hund, auch das andere Ende der Leine entdeckt eine Versuchung nach der anderen: Die Kühlschrankmagnete mit den witzigen Sprüchen sind ein nettes Mitbringsel, das bayerische Halsband muss einfach sein, eine neue Fußmatte für die Haustür ist ohnehin dringend nötig (und bei dem süßen Motiv!). Zum guten Schluss wandern noch eine Baldrianmaus und ein Keramiknapf für die daheimgebliebenen Katzen zur Kasse. Mit vollen Taschen und leerer Börse, aber rundum zufrieden, verlassen zwei- und vierbeinige Kunden das Geschäft. Und wenn zu Hause allzu schnell die Keksdose leer ist, wird einfach online nachbestellt.

Sie wollen anderen Tieren helfen, denen es nicht so gut geht? *Zookies Tierhilfe e. V.* (www.zookies.de/zookies-tierhilfe-e-v/) bietet viele Möglichkeiten von Spenden bis hin zur Adoption.

34

**Café Charlotte**
Untere Bachgasse 5
93047 Regensburg
0176 78154854
www.cafe-charlotte.
metro.bar

**Pustet Gesandtenstraße**
Gesandtenstraße 6–8
93047 Regensburg
0800 0787838
www.pustet.de

## AUS DER ZEIT GEFALLEN

### Café Charlotte

Zahlreiche gute Restaurants, Bistros und Kneipen verstecken sich in den Gassen der Regensburger Fußgängerzone, aber das Café Charlotte ist etwas Besonderes. Zusammen mit dem nahe gelegenen *Orphée*, einem Restaurant, das aufgrund der drangvollen Enge im Gastraum leider nur für tiefenentspannte Chihuahuas und Co. empfehlenswert ist, verströmt es französisches Flair mitten in der bayerischen Altstadt. Bei warmem Wetter sitzt man draußen, genießt ein Crêpe und beobachtet Touristen aus aller Welt bei ihrem Bummel durch die Fußgängerzone.

Wer aber über die Schwelle ins Innere tritt, hat das Gefühl, in eine französische Wohnstube des vorigen Jahrhunderts zu gelangen. In der historischen Voliere neben der Tür singen Kanarienvögel, die älteren Kinder des Wirtsehepaares erledigen an einem Tisch in der Ecke die Hausaufgaben, während der Nachzügler in der Puppenküche ein neues Menü kreiert. Wir nehmen auf einem der verschnörkelten Sofas Platz und lassen den mit Wandmalereien verzierten und mit rotem Plüschteppich ausgelegten Raum auf uns wirken.

Eine Dame mit Schürze und weißem Häubchen bringt uns die Karte und heißt Zwei- und Vierbeiner gleichermaßen herzlich willkommen. Zwischen Frühstücksvariationen, Crêpes, Galettes, Salaten und anderen kleinen Gerichten hat der Gast die Qual der Wahl. Wir entscheiden uns für die herzhaften Buchweizenpfannkuchen und schwelgen in Urlaubserinnerungen an die Bretagne. Der Herr des Hauses klingt fast ein wenig enttäuscht, als wir nach dem Essen Dessert und Kaffee ablehnen. Schließlich hat er doch eine neue Espresso-Kreation mit Schokolade und Gewürzen ausprobiert und wäre auf unser Urteil gespannt. Kein Problem – beim Anblick von Liebesknochen und Zitronentarte beschließen wir einstimmig, nach dem Einkaufsbummel noch einmal hier einzukehren.

Eine beliebte Adresse in der Altstadt ist für uns die Buchhandlung *Pustet Gesandtenstraße*, nur ein paar Gehminuten vom Café entfernt. Vierbeiner sind willkommen und die Auswahl an Büchern rund um Hund und Katz ist groß.

# 35

**Zur Hölle**
Startpunkt: Wanderparkplatz Lösmühle
Postfelden 20
93191 Rettenbach

**Hofcafé Zur Hölle**
Postfelden 21
93191 Rettenbach
09462 8659557
www.hofcafezurhoelle.de

# FAHR ZUR HÖLLE!

## Naturschutzgebiet *Zur Hölle* bei Postfelden

Bei dieser im Allgemeinen wenig wohlmeinenden Aufforderung kann es sich im Bayerischen Wald durchaus um einen netten Ausflugstipp handeln. Dann nämlich, wenn nicht von der Unterwelt, sondern von einem der ältesten Naturschutzgebiete des Landkreises die Rede ist, das an heißen Sommertagen ein wahrhaft himmlischer Ort für Mensch und Tier ist. Riesige Gesteinsblöcke, die wie zufällig in dem Felsental verteilt sind, erwecken tatsächlich den Eindruck, der Teufel habe die Hand im Spiel gehabt. Wie sonst hätten die moosbedeckten, hoch aufgetürmten Formationen aus Granit und Gneis entstehen sollen? Die naturwissenschaftliche Erklärung ist weniger fantasievoll: Wie so oft hängt alles mit der Eiszeit zusammen. Das Wechselspiel aus Frost und Tau sorgte dafür, dass der Boden talwärts abrutschte, während an den Hängen zahlreiche Granitblöcke zurückblieben. Diese wurden durch Verwitterung und fließende Gewässer zunehmend abgeschliffen und bilden in dem lichten Mischwald heute diese einzigartige Schlucht.

Wir wählen den Rundweg 149 (beziehungsweise RB03), der auf einer etwa eineinhalb Kilometer langen Strecke dem Lauf des Höllbachs folgt. Man sollte sich übrigens nicht so sehr von der Schönheit der Natur ablenken lassen, dass man die Markierungen aus den Augen verliert, denn immer wieder verirren sich Wanderer in dem wildromantischen Tal. Auch wenn im gesamten Naturschutzgebiet Leinenpflicht gilt, für Hunde ist es paradiesisch in der Hölle. Auf dem abwechslungsreichen Pfad müssen Steinblöcke überklettert werden, gemeinsam mit seinem Menschen zwängt sich der Vierbeiner zwischen zwei Granitwänden hindurch oder wagt sich über eine Holzbrücke. Immer ist ein Abstecher zum Bach möglich, um den tierischen Durst zu stillen oder die müden Pfoten zu kühlen.

Am Wochenende ist eine Einkehr im *Hofcafé Zur Hölle* Pflicht. In einem Waldlerhaus aus dem Jahr 1752 werden hier Brotzeiten und hausgemachte Kuchen serviert.

36

**Burg Falkenstein mit Schlosspark**
Burgstraße 10
93167 Falkenstein
www.burg-falkenstein.info

## Spektakuläre Natur und Kultur

### Burg Falkenstein mit Schlosspark

*Froschmaul, Herzbeutelgässchen, Leuchtmoos* – klangvolle Namen, die die Gesteinsformationen des Schlossparks treffend beschreiben. Zwei- und Vierbeiner, die sich davon überzeugen wollen, sollten allerdings schlank und trittsicher sein, denn nur so schafft man es, sich durch schmale Felsspalten zu zwängen und steile steinerne und hölzerne Treppen zu bezwingen. Wer diese Voraussetzungen mitbringt, erlebt auf dem Frosch- und Himmelssteig auf einer nur kurzen Wanderung faszinierende Gesteinsformationen im Mischwald des zweitgrößten Natur- und Felsenparks Bayerns.

Mein Terrier hat sich mit Begeisterung in das Abenteuer gestürzt – keine Schlucht war zu eng, keine Treppe zu steil. Größere und ältere Tiere können dem sicher weniger abgewinnen, aber auch für sie wird etwas geboten: Der leicht begehbare Königsweg führt vorbei an Steintisch und Klause durch den Hochwald. Nach so viel Natur schließt sich das Kulturprogramm an, und wir besichtigen die 1074 erbaute Burg Falkenstein, die hoch über dem Ort aufragt. 1967 schenkte Erbprinz Johannes von Thurn und Taxis sie der Marktgemeinde, die sie renovieren ließ und so heute eine der besterhaltenen Burgen der Oberpfalz ihr Eigen nennt.

In den alten Gemäuern dürfen sich Hunde (angeleint) weitgehend frei bewegen. Burghof, Biergarten, Gaststätte – nirgends muss der Vierbeiner draußen bleiben und bei einer Führung darf er ebenfalls dabei sein. Allerdings ist die Turmbesteigung weniger zu empfehlen, da nach dem beschwerlichen Aufstieg oben noch ein Gitterboden auf die Pfoten wartet. Wir hatten einen für alle sehr erlebnisreichen Nachmittag im Felsenpark und auf der Burg, und auch gemütlich veranlagte Zwei- und Vierbeiner genießen diesen Ausflug. Lediglich für sehr alte und kaum bewegliche Hunde wird dieser Ort wohl kein Lieblingsplatz werden.

Nur wer den Königsweg nehmen will, parkt hinter dem Rathaus. Den langen Aufstieg zu Frosch- und Himmelssteig erspart man sich, indem man zum Burgparkplatz (an der Hauptstraße ausgeschildert) fährt.

37

**Knallerbsenhof**
Aukenzell 2
93167 Falkenstein
09462 1888434
www.knallerbsenhof.de

# FERIEN WIE IM BILDERBUCH

*Knallerbsenhof* in Aukenzell

*Knallerbsenhof* – schon der Name weckt bei mir Assoziationen vom Leben in Bullerbü. Endgültig zurückversetzt in die heile Welt der Geschichten meiner Kindheit fühle ich mich, als ich aus dem Auto aussteige und vor den blau-weiß gestrichenen Häusern stehe. Von irgendwo her höre ich Gänse schnattern, ein Hund bellt, Ziegen meckern und war das nicht der Schrei eines Esels? Schon kommt mir die jüngste der drei Generationen, die den Hof bewohnen, entgegengelaufen und stellt mir die beiden Kater vor, die sich in der Sonne räkeln. Eigentlich schade, dass ich in der Nähe des *Knallerbsenhofes* wohne, denn ein Urlaub hier wäre wirklich verlockend. Ob allein, zu zweit oder mit mehreren – selbstverständlich auch vierbeinigen – Familienmitgliedern: Aukenzell ist der perfekte Ort, um abzuschalten, die Seele baumeln zu lassen und selbstvergessenem Spiel nachzugehen.

Auf 600 Metern Höhe mitten im Nirgendwo ist die Luft gut und Verkehrslärm ein Fremdwort. Trotzdem ist die Lage zentral genug, um verschiedenste Ausflüge zu unternehmen – falls man die Idylle überhaupt verlassen will. Bei schönem Wetter locken die stillen Ecken auf dem Gelände, von denen aus man den Tieren zusehen und das Hofleben beobachten kann, während sich die Jüngsten auf dem Spielplatz austoben. Drinnen gibt es ebenfalls ausreichend Platz zum Entspannen, Kochen und Spielen. Die Gebäude, allen voran das 2020 renovierte Blockhaus, wirken zwar von außen, als sei die Zeit stehen geblieben, sind aber innen nicht nur modern und individuell eingerichtet, sondern auch auf dem neuesten technischen Stand: Kostenloses WLAN und ein Flachbildfernseher sorgen dafür, dass Regentage leicht zu überbrücken sind. Wer im Urlaub durchaus gerne auf diese Segnungen der modernen Technik verzichtet, setzt sich mit einem Buch vor den Kamin.

Den *Knallerbsenhof* kann man von Falkenstein aus auch zu Fuß über den 2018 neu eröffneten *Goaßnweg* erreichen. Die gut vier Kilometer lange Tour startet am Marktplatz des Ortes und endet beim Hof.

2 FAST 4 U

IM HERZEN DES
BAYERISCHEN WALDES

38

**Kreisobstlehrgarten**
Hauptstraße 2
94362 Neukirchen
09961 910210
www.neukirchen.net

## Ruhige Idylle

### Kreisobstlehrgarten

Seit der Flurbereinigung sind unsere Landschaften langweilig geworden: Sauber und aufgeräumt wirken sie, aber nur selten natürlich gewachsen. Streuobstwiesen, die früher zum normalen Landschaftsbild gehörten, kennen heute viele gar nicht mehr. In Zeiten vor Monokultur und Massentierhaltung lieferten die hochstämmigen Bäume den Gehöften Früchte und Nüsse, während die blumenreichen Wiesen als Viehweide oder zur Heugewinnung dienten – Minibiotope, die voller Leben stecken und doch gleichzeitig eine angenehme Ruhe ausstrahlen.

In Neukirchen entstand auf einem 12.000 Quadratmeter großen Südhang wieder ein solches kleines Paradies. 150 alte und neue Obstsorten wurden gepflanzt, Hecken und Trockensteinmauern angelegt und Bienenstöcke aufgestellt. Diese Oase ist immer einen Ausflug wert, entfaltet ihren besonderen Reiz aber zur Blüte im Frühjahr und zur Ernte im Herbst. Der aus der Barockzeit stammende *Troadkasten* im Mittelpunkt der Anlage diente ursprünglich als Getreidelager und beherbergt heute eine Ausstellung, die die zahlreichen Informationen an den 14 Stationen des Lehrpfades ergänzt. Es lohnt sich jedoch ebenfalls, einfach nur die intakte Natur zu genießen und die Vielfalt zu beobachten, die hier herrscht. Eine Maus flitzt gerade noch ins Loch, bevor sie unser vierbeiniger Begleiter erwischen kann, die Luft scheint vor Bienen zu summen und Schmetterlinge tanzen vor unseren Augen. Wer sich Zeit nimmt und zur Ruhe kommt, wird viel sehen und erleben in diesem Garten. Für ein mitgebrachtes Picknick steht eine große Sitzgruppe bereit, und Vierbeiner, die wie unser Hund süße Früchte lieben, bedienen sich zur Erntezeit selbst. Hier von einer Birne naschen, dort von einem Apfel kosten – im Herbst kein Problem, es gibt genügend verlockendes Fallobst. Einzig vor Wespen müssen sich die empfindlichen Schnauzen dabei in Acht nehmen.

Ideales Ausflugsziel, um der Betriebsamkeit touristischer Attraktionen an Wochenenden zu entfliehen. Der Zugang ist ganzjährig frei und gratis, Interessierte können eine Führung vereinbaren.

## 39

**Waldwipfelweg**
Maibrunn 9a
94379 Sankt Englmar
09965 80087
www.waldwipfelweg.de

# DER WALD AUS VOGELPERSPEKTIVE

## Waldwipfelweg bei Maibrunn

Zusammen mit dem vierbeinigen Freund 30 Meter über dem Boden zwischen Baumkronen hindurchgehen, den Panoramablick auf den Bayerischen Wald und den Gäuboden genießen und sich in schwindelerregender Höhe über eine Hängebrücke wagen – ein Ausflug nach Maibrunn macht's möglich. Der 2,50 Meter breite Bohlenweg mit Aussichtsplattform ist barrierefrei und ermöglicht so allen einen atemberaubenden Ausblick aus der Vogelperspektive.

Das Gelände hat jedoch noch viel mehr zu bieten. Wer kann ertasten, welches Fellkleid zu welchem Waldbewohner gehört? Wer erkennt anhand der Spur, welches Tier hier vorbeigekommen ist? Entlang des rund zwei Kilometer langen Naturerlebnispfades erwarten die Besucher 25 Mitmachstationen, die Rätsel zu Flora und Fauna der Region aufgeben. Kletterkünstler können an einer Felswand ihr Können unter Beweis stellen. Kleine, große und vierbeinige Höhlenforscher kommen in zwei Grotten, in denen alle Sinne angesprochen werden, auf ihre Kosten. Auf einem anderen Pfad erlebt der Besucher verblüffende optische Täuschungen, die zum Teil lustige Fotomotive ergeben. So wird hier im Handumdrehen aus einem Schoßhündchen ein Tier von den Ausmaßen einer Deutschen Dogge und umgekehrt. Apropos: Für unsere Vierbeiner dürften wohl die Lamas, Kängurus und Schafe die Hauptattraktion des Parks darstellen. Vom Weg aus kann man sie auf ihren ausgedehnten Weiden beobachten beziehungsweise ihre Witterung aufnehmen.

Wer nach so vielen Erlebnissen Hunger bekommen hat, lässt sich auf der Sonnenterrasse oder in der Waldgaststube hausgemachte Kuchen und Torten, Suppen oder Brotzeiten schmecken. Frisch gestärkt können sich Kinder anschließend noch auf 500 Quadratmetern im Indoor-Spieleland austoben und im *Haus am Kopf* ausprobieren, wie es sich anfühlt, auf der Zimmerdecke spazieren zu gehen.

Achtung: Es gibt noch mindestens einen weiteren Waldwipfelweg im Bayerischen Wald, aber nur in Maibrunn sind Hunde gern gesehene Gäste!

40

**Gut Schmelmerhof**
Rettenbach 24
94379 Sankt Englmar
09965 1890
www.gut-schmelmerhof.de

# WEIT WEG VOM MASSENTOURISMUS

## Hotel Gut Schmelmerhof

Das Gut, das sich seit 1630 im Familienbesitz befindet, ist längst kein Geheimtipp mehr. Doch obwohl die Gäste zum Teil bis aus Passau anreisen, ist es keine überlaufene Ausflugsgaststätte. Im Gegenteil: Auf der weitläufigen Sonnenterrasse können Mensch und Tier bei einem kühlen Getränk (ein Napf mit frischem Wasser steht immer bereit) in aller Ruhe entspannen. Sollte das Wetter nicht mitspielen, gibt es für Familien mit Hund einen extra Gastraum. In der gemütlichen Florianstube fühlt man sich jedoch keineswegs abgeschoben, einzig der gekachelte Boden lässt erahnen, warum Vierbeiner hier hereingebeten werden.

Kulinarisch wird im *Schmelmerhof* einiges geboten: Wild aus eigener Jagd, Fisch aus Gewässern der Umgebung, je nach Jahreszeit frische Pilze und mit etwas Glück kommt man an einem der Tage, an dem im Holzbackofen im Garten Brot zubereitet wird. Die hauseigene Patisserie zaubert nicht nur leckere Desserts, sondern auch ein Kuchenbuffet, bei dem man das Kalorien-Zählen besser auf einen anderen Tag verschiebt. Wer eine Brotzeit einem Menü vorzieht, wird ebenfalls nicht enttäuscht: Die Wanderkarte bietet über die normalen Essenszeiten hinaus von vormittags bis zum späten Nachmittag bayerische Spezialitäten wie *G'selchts* oder *Preßsack*.

Apropos wandern: Wer sich die ganzen Köstlichkeiten erst verdienen möchte, parkt zwar genauso direkt vor der Tür, marschiert aber vor dem Essen auf den 1.095 Meter hohen Hirschenstein, von dessen Gipfel man bei guter Fernsicht die Alpen sieht. Der Aufstieg beginnt direkt beim Hotel. Ein Ausflug mit Vierbeinern in die Gegend ohne Einkehr im *Schmelmerhof* ist bei uns selten. Schließlich schmeckt nicht nur alles, was auf der Karte steht, sondern wir wissen, dass wir selbst mit mehreren (ruhigen) Hunden immer herzlich willkommen geheißen werden.

Im *Schmelmerhof* ist das vierbeinige Familienmitglied auch als Übernachtungsgast gerne gesehen, allerdings nur in der Juniorsuite.

## 41

**Bootsverleih**
**am Höllensteinsee**
Höllenstein 21
94234 Viechtach
09941 7163
www.hoellensteinsee.com

## WILDROMANTISCHER WASSERSPASS

Höllensteinsee

In den 20er-Jahren des letzten Jahrhunderts staute man den Fluss Schwarzer Regen auf gut fünfeinhalb Kilometern Länge auf, wodurch die damals größte Talsperre Bayerns entstand. Sie wurde für ein Kraftwerk benötigt, das die Stadt Straubing mit Strom versorgen sollte. Nachdem das Gewässer lange Zeit mit starken Verunreinigungen zu kämpfen hatte, ist das Problem mittlerweile beseitigt und viele seltene Tier- und Pflanzenarten wie Feuersalamander, Eisvogel, Arnika und Leberblümchen sind an seinem Ufer beheimatet. Heute ist der idyllisch gelegene See ein beliebtes Erholungs- und Freizeitgebiet für die ganze Familie. Wer es gemütlich mag, spaziert einfach am Ufer entlang und genießt dabei den Ausblick von der begehbaren Staumauer aus. Vierbeinige Wasserraten werden bei diesem Ausflug sicher keinen der einladenden Badeplätze auslassen, um munter zu planschen.

Sportliche leihen sich nahe der Staumauer ein Ruderboot aus, um den See bis zur Stauwurzel vom Wasser aus zu erkunden. Natürlich ist der beste Freund der Familie immer mit dabei, wobei es sich empfiehlt, ihn für den Fall der Fälle mit einer Schwimmweste auszustatten. Angelfreunde können einen Erlaubnisschein erwerben, und wer erfolgreich war, grillt den Fisch anschließend am Ufer. Aber auch wer nicht selbst für sein Abendessen gesorgt hat, bekommt Erfrischungen und Getränke an einem kleinen Kiosk direkt am Ufer. Das alles klingt so vielversprechend, dass Sie nicht nur ein paar Stunden dort verbringen wollen, sondern am liebsten gleich übernachten möchten? Kein Problem! Der Campingplatz bietet neben romantischen Stellplätzen direkt am Ufer zudem Brötchenservice, freies WLAN und moderne Sanitäranlagen. Haustiere sind übrigens herzlich willkommen.

Rund um den See gibt es zahlreiche, gut beschilderte Wanderwege und auch der etwa 158 Kilometer lange Fernwanderweg *Baierweg* führt hier vorbei.

42

**Großer Pfahl**
Startpunkt für Wanderung: Parkplatz am Naturschutzgebiet Pfahl an der B85 (Richtung 94267 Prackenbach; gut ausgeschildert)
94234 Viechtach

**Tourist-Information Viechtach**
Stadtplatz 1
94234 Viechtach
09942 808250
www.viechtacher-land.de

## Drachenrücken aus Quarz

Naturdenkmal *Großer Pfahl*

Weißes Quarzgestein, Kiefern, Heidekraut – nur ein paar Meter von der Straße entfernt kommt fast ein bisschen Hochgebirgsfeeling auf. Sieht doch der steil aufragende *Pfahl* ganz anders aus als die anderen Gesteinsformationen des Mittelgebirges. Allerdings ist die Felsformation bei Viechtach nur maximal 30 Meter hoch – Alpen im Miniaturformat.

Bevor wir losgehen, füllen wir die Flasche für den Hund noch am Brunnen beim Parkplatz, denn später wird es schwierig, eine Erfrischung zu finden. Fehlende Gewässer sind aber das einzige, worüber sich der Vierbeiner beklagen könnte. Verschiedene Untergründe, Wald, Heidelandschaft – es gibt viel zu erkunden und erschnüffeln auf dieser Wanderung. Nur einige Meter entfernt steht eine Hütte mit Informationen zu der Region, direkt gegenüber sind die Wanderwege ausgeschildert. Wir wählen die große, etwa eineinhalbstündige Runde (»4« auf gelbem Grund, Winterwanderweg) – eher ein ausgedehnter, aber keinesfalls langweiliger Spaziergang. Überall gibt es etwas zu entdecken: eine alte Verladestation des aufgelassenen Steinbruchs, Loren und eine Bremsstation aus der damaligen Zeit und schließlich die Abbruchkante des Gebietes, in dem der Quarz gewonnen wurde. Aufgrund des Naturschutzes ist es ohnehin Vorschrift, Hunde anzuleinen, aber auch wegen der Absturzgefahr ist das mehr als sinnvoll.

Der Weg führt vorbei an weiteren Quarzformationen, die immer höher und heller werden. Es entsteht der Eindruck, der Kamm eines Drachen breche aus dem Waldboden und wölbe sich über die Landschaft. Tatsächlich verläuft der größte Teil der 150 Kilometer langen Quarzlinie unterirdisch und tritt nur an wenigen Orten als Felskamm hervor. Kein Wunder, dass dieser Abschnitt zu den 100 schönsten Geotopen Bayerns zählt.

Wer noch mehr vom *Pfahl* sehen will, fährt nach Weißenstein bei Regen. Hier wurde eine Burg auf dem hellen Gestein errichtet.

48

**Adventure Camp Schnitzmühle**
Schnitzmühle 1
94234 Viechtach
09942 94810
www.schnitzmuehle.de

## Abenteuer, Genuss, Wellness

### Adventure Camp Schnitzmühle

Adventure Camp – da denkt man sofort an Überleben in wilder Natur, Klettern, Wildkräuter sammeln und Ähnliches. All das ist in Viechtach auch möglich. Im Natur-Camp wird vom Survival-Training bis zum Floßbau tatsächlich alles geboten, was die Herzen von Outdoorfans höher schlagen lässt. Aber die Schnitzmühle, wie wir die Anlage nennen, ist noch viel mehr: eine entspannte Ferienoase für die ganze zwei- und vierbeinige Familie. Camping im eigenen Zelt oder im Rahmen des Angebots *rent a tent*, Übernachtung in modernen Hotelzimmern, Lodges oder Tiny Houses – für jeden Geschmack ist etwas dabei.

Wer keinen Pauschalurlaub sucht, sondern lässig bayerische Atmosphäre weitab von Straßenlärm und Massentourismus, fühlt sich hier garantiert wohl. Auch ohne Animateur und »all you can eat« wird es weder langweilig noch geht man abends hungrig ins Bett. Der Campingladen bietet frische, regionale Zutaten für selbst zubereitete Mahlzeiten an, das Thai-Bay-Restaurant lockt mit einer gelungenen Mischung aus thailändischen und bayerischen Gerichten (das schmeckt tatsächlich!) und in der Strandbar gibt es hausgemachte Getränke.

Das Auto kann man – sicher zur Freude vieler Hunde – getrost einfach stehen lassen. Allein die Freizeitangebote vor Ort sorgen schon für die Qual der Wahl: Naturbadeweiher mit Sandstrand (die Vierbeiner dürfen die Familie begleiten, baden ist allerdings nur im angrenzenden Bach erlaubt), Beachvolleyball, ein Reitstall, Tischtennisplatten, Wellnessbereich und vieles mehr sind Teil der Anlage. Autofreie Ausflüge in den Bayerischen Wald ermöglicht die Waldbahn, deren Haltestelle direkt hinter dem Hotel liegt. Sie bringt einen zum Beispiel direkt in den Nationalpark oder mitten in die gläsernen Gärten von Frauenau.

Größere Hunde brauchen in der Waldbahn einen Maulkorb. Er kann an der Rezeption ausgeliehen werden.

44

**Burg Altnußberg**
Burgparkplatz am Burgweg bei der Kapelle
Auf dem Schloßberg
94244 Geiersthal
Die Burg ist nur zu Fuß zu erreichen

**Burgschänke Altnußberg**
Auf dem Schloßberg 2
94244 Geiersthal
09923 3099
www.burgschenke-altnussberg.de

## ALTES GEMÄUER NEU ENTDECKT

### Burg mit Burgschänke Altnußberg

Bereits im Jahr 882 wurde Altnußberg urkundlich erwähnt und ist damit die älteste Burganlage des Bayerischen Waldes. Auf 660 Metern Höhe gelegen ist sie heute weithin sichtbar. Das war nicht immer so: Nachdem die Anlage im Mittelalter geschleift wurde, lag sie gut 500 Jahre lang von Erdreich verschüttet und von Bäumen überwuchert in einem Dornröschenschlaf. Erst in den 80er-Jahren des vergangenen Jahrhunderts wurden Ausgrabungen durchgeführt, und Teile der Burg – unter anderem der 22 Meter hohe, heute als Aussichtsturm genutzte Bergfried – rekonstruiert. Die gesamten Grundmauern und Ruinen von Wohnanlagen, Wirtschaftsgebäuden, Kapelle und Zisternen wurden freigelegt. Ein Backofen und die Herdstelle der Gesindeküche erinnern an das Leben vor vielen hundert Jahren.

Wir unternehmen den Ausflug hierher an einem heißen Sommertag und kommen bei dem kurzen, aber teilweise relativ steilen Aufstieg vom Parkplatz an der Kapelle zur Burg etwas außer Atem. Obwohl der Weg durch einen schattigen Mischwald führt, hängt auch unserem Hund die Zunge heraus, und es macht sich bezahlt, dass wir für ihn Wasser mitgenommen haben. Oben angekommen gibt es natürlich für Zwei- und Vierbeiner erfrischende Getränke: Die romantische Burgschänke hat von Ostern bis Ende Oktober geöffnet und bietet außerdem Brotzeiten, Kuchen und als besondere Spezialität zweimal pro Woche frisch geräucherte Forellen. Im Schatten der alten Bäume ist im Biergarten die Anstrengung schnell vergessen, und wir erklimmen noch die letzten Steintreppen und Mauerreste, um die Aussicht weit über das Tal zu genießen. Frisch gestärkt springt auch unser vierbeiniger Begleiter begeistert über die Felsen und steckt seine Nase in interessante Erdlöcher und Mauerritzen.

Wer mehr zur Geschichte der Burg wissen will, kann sich in der Burgschänke einen Audioguide ausleihen. Für Gruppen besteht die Möglichkeit, sich zu einer Führung anzumelden (09923 84150).

# 45

**GutsAlm Harlachberg**
Harlachberg 1+2
94249 Bodenmais
09924 9434930
www.harlachberg.de

## WOZU IN DIE ALPEN FAHREN?

*GutsAlm Harlachberg*

Kein Wunder, dass an diesem Ort viele Hochzeiten stattfinden: Das Gebäudeensemble und die Aussicht sind einmalig. Aber nicht nur der schönste Tag des Lebens, auch herrliche Urlaubstage lassen sich hier oben auf rund 900 Metern Höhe verbringen. Das Anwesen mit der hölzernen Kapelle aus dem Jahr 1747 liegt auf einer verträumten Lichtung inmitten der Wälder des Harlachbergs. Liebevoll restauriert bieten Bauernhof, Jugendstilvilla und Holzkapelle heute optimale Voraussetzungen für eine kleine Auszeit für Mensch und Tier. Zahlreiche Wanderwege und Gassirouten starten hier, wo es weder Autolärm, noch Nachbarn (der nächste ist zwei Kilometer entfernt), dafür Natur, Stille und würzige Waldluft gibt. Auf dem weitläufigen Gelände, zu dem auch ein Naturteich gehört, entspannen Zwei- und Vierbeiner von Stadtrummel und Alltagshektik, und Kinder toben unbeschwert über die Wiesen. Statt Dauerbeschallung aus Lautsprechern plätschert Wasser aus einem Granitbrunnen und abends prasselt das Lagerfeuer auf der Wiese neben dem Biergarten.

Für Feinschmecker, die die ursprüngliche bayerische Küche kennenlernen möchten, ist die *GutsAlm* ein *Muss*. Sonntags gibt es *Auszogne*, *Zimtnudln* und *Strizl* – süße Köstlichkeiten, die Sie unbedingt probieren sollten. Wer es lieber herzhafter mag, lässt sich *a Brad'l* aus dem Holzbackofen schmecken, von dem auch ein kleines Stück in der Hundeschnauze verschwindet. Vegetarier kommen donnerstags auf ihre Kosten, wenn es den für die Region so typischen, frischen *Eapfesterz* gibt. Der alte Steinbackofen aus dem 17. Jahrhundert tut heute noch seinen Dienst und wird mittwochs angeheizt, um frisches Bauernbrot zu backen. Die Alm erreicht man mit dem Auto über eine Forststraße oder zu Fuß über einen der zahlreichen Wanderwege.

Es lohnt sich, die Kapelle genauer anzuschauen: In ihrem Vorbau sind vier Totenbretter angebracht, die zu den ältesten des Bayerischen Waldes zählen.

# 46

**Kuhalm Bodenmais**
Kreuzseige 2
94249 Bodenmais
09924 9435592
www.kuh-alm-bodenmais.de

## ZÜNFTIGE HÜTTE

### Kuhalm Bodenmais

Nur eine halbe bis eine Stunde (je nach Wanderweg) von der Bodenmaiser Flaniermeile entfernt, liegt die Kuhalm in einer völlig anderen Welt. So oder so ähnlich wie hier oben auf 800 Metern Höhe muss es früher überall im Bayerischen Wald ausgesehen haben. Hat der Ort selbst mit seinen zahlreichen von Tagestouristen gut besuchten Cafés nur noch wenig mit der ursprünglichen Einsamkeit der Gegend zu tun, so scheint auf der Kuhalm die Zeit stehen geblieben zu sein. Gerade wer mit einem vierbeinigen Freund unterwegs ist, wird die Ruhe und Abgeschiedenheit dieser Einkehr zu schätzen wissen. Wir parken beim Hotel *Riederin* und folgen den schwarz-weißen Wegweisern hinauf zum Riederin-Felsen, wo sich gerade ein paar Kletterer abseilen. Den Sportlern zuzusehen ist eine willkommene Verschnaufpause nach dem kurzen aber steilen Aufstieg. Der anstrengende Teil ist geschafft, rechts vorbei an der Felsformation geht es jetzt auf einem kurzen Höhenweg zur Hütte, die man schon vor sich liegen sieht, wenn man aus dem Wald tritt.

Das mit Holzschindeln verkleidete Häuschen hält, was es verspricht: Hier werden keine Brauchtumsnachmittage für Touristen veranstaltet, es ist alles authentisch. Hausgemachte Brotzeiten, selbst gekochte Marmelade und *Glaslfleisch* zum Mitnehmen, der akkordeonspielende Wirt und sein Sohn, der mit den Gästen kartelt – auf der Kuhalm ist alles echt und so, wie man sich den Bayerischen Wald vorstellt. Weitab von Massentourismus und Straßenlärm (Autos sind hier oben nicht erlaubt) fühlt man sich zurückversetzt in eine andere, ruhigere Zeit. Nicht nur wir entspannen in dieser Atmosphäre optimal, auch unser Hund hat sich mit einem wohligen Seufzen im schattigen Biergarten ausgestreckt, nachdem ihm der Wirt eine große Schüssel mit frischem Wasser gebracht hat.

(Fast) alle Wege führen zur Kuhalm – etwa vom Ameisenweg, direkt von Bodenmais oder von der Gutsalm Harlachberg aus erreicht man sie in 30-60 Minuten.

# 47

**Ameisenstraße**
Startpunkt: Wanderparkplatz an der Kreuzseige
An der Hauptstraße
St2132 (bei Riederin)
94249 Bodenmais
Von dort den Beschilderungen »Kinderwanderweg« und »Ameisenstraße« folgen

**Bodenmais Tourismus & Marketing GmbH**
Bahnhofstraße 56
94249 Bodenmais
09924 778135
www.bodenmais.de

# FÜR JUNGE UND JUNG GEBLIEBENE

## Familienwanderweg *Ameisenstraße*

Warum gab es so etwas eigentlich nicht in meiner Kindheit? Da hießen solche Wege »Trimm-dich-Pfad« und außer angerosteten Reckstangen und belehrenden Tafeln mit Informationen zu Kniebeugen und Liegestützen war wenig geboten. Einen eigenen Hund hatte ich auch nicht, und so blieb es bei entsprechenden Ausflügen bei einigen lustlosen Klimmzügen. Zum Glück ist man bekanntlich so alt wie man sich fühlt, und mein Vierbeiner und ich – beide in der Lebensmitte angekommen – fühlten uns auf der *Ameisenstraße* wieder sehr jung. Die abwechslungsreichen 27 Stationen des Familienwanderwegs sind eigentlich für Kinder bis zehn Jahren gedacht, und natürlich haben wir denen stets den Vortritt gelassen.

Aber selbst in unserem fortgeschrittenen Alter machte es großen Spaß, gemeinsam über Baumstämme zu balancieren, uns mutig auf die Brettwippe zu wagen, durch den Matschweg zu stiefeln oder die unterschiedlichen Untergründe auf dem Barfußweg zu erfühlen. Im Kneippbecken und auf dem Experimentiergelände konnten wir unsere Beine und Pfoten kühlen und auf dem Weitsprung-Gelände ausprobieren, ob die eigenen Fähigkeiten eher denen eines Froschs oder eines Hirsches entsprechen. Nur durch den hohlen Baumstamm ist mein Vierbeiner dann allerdings alleine gelaufen. Für manche Dinge ist man eben leider doch irgendwann zu alt oder schlicht zu groß.

Falls Sie jetzt glauben, mein Freund mit der langen Schnauze und ich wären ziemlich kindisch, haben Sie einerseits recht – das sind wir beide tatsächlich oft. Andererseits sind wir nicht unangenehm aufgefallen. Auch andere Erwachsene haben viel Spaß daran, diesen natürlichen Agility-Parcours mit ihren Kindern, Hunden oder einfach alleine zu erkunden. Dass die jüngsten Familienmitglieder begeistert sind, braucht ja nicht extra erwähnt zu werden.

Für eine Stärkung nach diesem Abenteuer bietet sich in Böbrach vor allem für Familien die *Märchenalm* mit großem Garten, Spiel- und Sportgeräten und nachgestellten Märchenszenen an (Raschau 2, 09924 7615).

48

**JOSKA Glasparadies Bodenmais**
Am Moosbach 1
94249 Bodenmais
09924 7790
www.joska.com

**Rote Res**
Marktplatz 6
94249 Bodenmais
0151 54729576
www.roteres.de

# GLASKUNST UND KINDERPARADIES

*JOSKA Glasparadies Bodenmais*

»Langweilig!« Das bekommen Sie wahrscheinlich zu hören, wenn Sie dem Nachwuchs einen Besuch in der Glashütte (vielleicht schon der zweiten oder dritten dieses Urlaubs) vorschlagen. Im *JOSKA Glasparadies Bodenmais* braucht aber niemand mit angehaltenem Atem an zerbrechlichen Ausstellungsstücken vorbeizuschleichen – hier ist Mitmachen und Spaß angesagt. Die Kleinsten können sich auf Edelstein-Schatzsuche begeben oder selbst eine Vase bemalen. Bei einer Besichtigung der Werkstätten schauen Sie Glasbläsern, -malern und -schleifern sowie den Graveuren über die Schultern und können sich selbst als Glasbläser versuchen. Hintergrundwissen zum Thema vermittelt die circa halbstündige Familienrallye in Form einer Schnitzeljagd auf unterhaltsame Weise.

Wenn Sie sich für einen Besuch im *Glasparadies* entscheiden, befinden Sie sich übrigens in prominenter Gesellschaft: von Rosi Mittermaier bis hin zu Helmut Kohl war hier schon mancher, der Rang und Namen hat. Sie werden viele bekannte Gesichter auf den Fotos im Café *Kristallino* entdecken, das sich für eine Pause nach einem ausgiebigen Einkaufsbummel durch das *Glasparadies* anbietet. Falls Sie etwas mehr Appetit mitbringen, ist das Erlebnisrestaurant, das an verschiedenen Marktständen regionale und saisonale Gerichte anbietet, die richtige Wahl. Vorher geht's noch ins *Kinderland* zum Austoben auf dem Trampolin, mit dem Flying Fox oder den Bumper Booten und vielen anderen Attraktionen.

Hunde sind überall willkommen. Allerdings ist der Trubel nicht unbedingt für jeden Vierbeiner geeignet. Wer gewohnt ist, seine Familie auch mal durch die Fußgängerzone oder ins Einkaufszentrum zu begleiten, hat im Glasparadies sicher keine Probleme und findet die zahlreichen Eindrücke sogar spannend. Landeier hingegen, die außer Wald und Wiese wenig kennen, dürften schnell überfordert sein.

Wer das Kontrastprogramm zu diesen touristischen Attraktionen sucht, kehrt mit seinem Vierbeiner in der *Roten Res* ein, einem wieder zum Leben erweckten, alten Dorfwirtshaus in Bodenmais.

49

**Hochfall Bodenmais**
Startpunkt: Wanderparkplatz Oberlohwies
Scharebenstraße
94249 Bodenmais

# AUF REGEN FOLGT SONNENSCHEIN

## Naturdenkmal *Hochfall*

Wenn diese alte Weisheit zutrifft, und Sonnenschein auf Tage folgt, an denen der Himmel seine Schleusen geöffnet hatte, ist der ideale Zeitpunkt für diese kleine Wanderung gekommen. Dann plätschert der Bach nicht gemütlich das Gefälle herab, sondern verwandelt sich in ein wildes Gewässer, das brodelnd die Hänge hinabstürzt. Bei dem Naturdenkmal *Hochfall* handelt es sich um die etwa einen Kilometer lange Fließstrecke des Moosbachs, der hier – einer Quelle zwischen Enzian und Arber entsprungen – ins Tal rauscht.

Wer dieses Schauspiel bewundern möchte, ohne eine allzu große Wanderung zu unternehmen, startet beim Parkplatz *Oberlohwies*. Durstige Hunde können sich bereits hier einen Schluck am Brunnen genehmigen, bevor wir einige Meter der Forststraße folgen, um dann links in den Wald abzubiegen. Der Weg ist ideal für einen Sommerausflug mit unserem Vierbeiner. Immer schattig, nicht zu anstrengend und dazu stets die angenehme Kühle, die vom Bach ausgeht. Ehe wir das Naturdenkmal erreichen, rasten wir noch auf einer gemütlichen Holzbank, wo wir die mitgebrachte Brotzeit und die herrliche Aussicht genießen.

Man muss für diese Tour wirklich kein geübter Bergsteiger sein, aber einigermaßen sicher sollte man schon zu Fuß beziehungsweise auf den Pfoten sein. Schließlich geht es über einen felsigen Weg hinauf zum aufregendsten Teil der Strecke, der Holzbrücke, die sich über den Wasserfall spannt. Auf ihr steht man quasi mitten im Bach und spürt die feinen Tröpfchen der tosenden Wassermassen. Nach diesem Abstecher geht es zurück auf den Hauptweg und kurz danach zweigen wir (Beschilderung Scharebenstraße) auf den steil ansteigenden Waldweg ab. Kurz darauf sind wir wieder auf der kaum befahrenen Straße und stehen nach etwa 20 Minuten wieder vor unserem Auto.

Wem die Wanderung zu kurz ist, der kann die Strecke problemlos um einen Abstecher zu den *Risslochfällen* erweitern.

# 50

**Kleiner Arbersee**
Startpunkt für Wanderung:
Parkplatz beim Brennes
Brennesstraße
94252 Bayerisch Eisenstein

**Tourist-Information Bayerisch Eisenstein**
Schulbergstraße 1
94252 Bayerisch Eisenstein
09925 9019001
www.bayerisch-eisenstein.de

## MORÄNENSEE DER LETZTEN EISZEIT

### Kleiner Arbersee

Ausgangspunkt für die leichte Wanderung ist der Parkplatz am Brennes. Wer in dem hier herrschenden Trubel ankommt, kann sich kaum vorstellen, dass man sich schon nach kurzem Fußmarsch in einer Landschaft von Mooren und Wäldern befindet, in der seltene Arten wie Biber, Fischotter und Auerhahn wieder eine Heimat gefunden haben. Wir folgen zuerst einem breiten Weg Richtung *Mooshütte.* Am Berghotel angekommen geht es auf schmalen Pfaden durch den Wald, bis sich der Weg verbreitert und den Blick auf den Kleinen Arbersee freigibt. Sofort fällt einem die Besonderheit dieses Reliktes aus der letzten Eiszeit ins Auge: die schwimmenden Inseln. Bei diesem Phänomen handelt es sich um Moorfilze, die sich vom Ufer losgelöst haben und auf der Wasseroberfläche des Karsees treiben. Der 1,5 Kilometer lange Rundweg führt uns entlang des Ufers und ist besonders für Kinder wegen seiner Bohlentreppen und Brückenstege interessant. Zwar herrscht im gesamten Naturschutzgebiet Leinenpflicht, aber für Vierbeiner bietet die Tour von Wildspuren bis hin zu Balanceübungen auf Baumstämmen auch ohne Freilauf genügend Abwechslung.

Botanisch Interessierte können mit etwas Glück seltene Pflanzen wie das Gefleckte Knabenkraut oder den Blauen Eisenhut entdecken, und wer genau hinschaut, sieht im Wasser Saiblinge schwimmen. Am Ende der Runde lädt das *Seehäusl*, eine Gaststätte, deren Hauptgebäude bereits Ende des 18. Jahrhunderts errichtet wurde, zu einer Rast ein, bevor wir uns auf den Rückweg zum Parkplatz machen. Wo früher Waldarbeiter übernachteten und einkehrten, lassen sich seit Mitte des vergangenen Jahrhunderts Wanderer Kaffee und Kuchen sowie deftige Brotzeiten und bayerische Gerichte (auch vegetarische) schmecken, bei denen die Wirtsleute Wert auf regionale, frische Zutaten legen.

Unbedingt Münzen für die Parkautomaten am Wanderparkplatz mitnehmen und den Ausflug unter der Woche planen, da der Arber am Wochenende oft überlaufen ist.

## 51

**Großer Arber**
Talstation Arber 1
94252 Bayerisch Eisenstein
09925 94140
www.arber.de

**Berghaus Sonnenfels**
Sonnenfelsen 1
94252 Bayerisch Eisenstein
09925 1379
www.arber-sonnenfels.de

# DER KÖNIG DES BAYERISCHEN WALDES

Großer Arber

Mit 1.456 Metern ist der Große Arber nicht nur der höchste Berg des Bayerischen Waldes, sondern erreicht auch als einziger die klimatische Waldgrenze. Nicht ohne Grund wird er »König des Bayerischen Waldes« genannt. Von den unzähligen Wanderrouten in diesem Gebiet empfiehlt sich für alle, die zum ersten Mal hier sind, eine Runde über das Gipfelplateau mit dem Hauptgipfel, dem Bodenmaiser Riegel und dem Kleinen und Großen Seeriegel. Alle vier Felserhebungen lassen sich mit einer kurzen Kletterpartie erklimmen und belohnen einen bei gutem Wetter mit einer grandiosen Aussicht bis hin zu den Alpen. Der Rundweg selbst ist leicht zu begehen und barrierefrei, der etwa eineinhalbstündige gut ausgeschilderte Aufstieg von der Talstation aus fordert keine besondere Kondition. Wer es bequemer mag, steigt in eine der Sechsergondeln und gelangt so direkt vom Parkplatz aus ganz nach oben – gegen einen geringen Aufpreis zusammen mit dem Hund.

Auch wenn die Fahrt mit der Bergbahn ein Erlebnis ist, sportliche Zwei- und Vierbeiner haben einen Vorteil: Sie können beim Abstieg im Berghaus *Sonnenfels* einkehren. Die Abzweigung ist zuverlässig markiert und leise bayerische Musik weist einem zudem den Weg. Dass alle Familienmitglieder herzlich willkommen sind, merkt man spätestens, wenn der Napf mit kühlem Wasser unter den Tisch geschoben wird. Ab und zu begrüßt einen schon von weitem Dackelhündin Paula – die eigentliche Wirtin vom *Sonnenfelsen*. Weitab vom Rummel der Hütten auf dem Gipfel genießt man auf der Terrasse oder in der urigen Stube deftige Köstlichkeiten vom selbst panierten Schnitzel bis zum frisch zubereiteten Kaiserschmarrn und zu den hausgemachten Kuchen. Wir planen unsere Wanderungen in der Arberregion grundsätzlich so, dass eine Einkehr bei Paula möglich ist.

Legen Sie den Ausflug wegen des hohen Besucheraufkommens möglichst nicht auf einen sonnigen Sonntag und denken Sie an Kotbeutel für den Hund und Münzen für den Parkautomaten.

52

**Großer Arbersee**
Arbersee
94252 Bayerisch Eisenstein
www.arber.de

**Arberseehaus**
Arbersee 42
94252 Bayerisch Eisenstein
09925 902003
www.arberseehaus.de

# SCHWIMMENDE INSELN UND URWALD

## Großer Arbersee

Das Zertifikat »Reisen für alle« zeichnet den Großen Arbersee zu Recht aus. Selbst mit Kinderwagen ist der Rundweg um das Gewässer problemlos zu bewältigen und dass mit »für alle« auch der beste Freund des Menschen gemeint sein könnte, sieht man gleich zu Beginn der Tour an der Hundestation. Die Anfahrt ist kein Problem: Parkplätze und Startpunkt für die rund halbstündige Tour liegen direkt an der Straße. Die Bequemlichkeit hat allerdings ihren Preis, weswegen man an sonnigen Sonntagen besser keinen Nachmittagsausflug hierher planen sollte, wenn man die Natur ungestört erleben möchte. Wer aber während der Woche, am Morgen oder am frühen Abend kommt, erlebt ohne viel Trubel eine einmalige Landschaft. Der eiszeitliche Karsee ist in einen dichten Urwald eingebettet und wird von der imposanten Arberseewand überragt. Da der Hochwald schon vor gut 80 Jahren zum Naturschutzgebiet erklärt wurde und das Gelände ohnehin zu steil für die Forstwirtschaft ist, stehen hier heute über 400 Jahre alte Bäume und seltene Tierarten haben in dem urwüchsigen Gebiet eine Heimat gefunden.

Nicht nur für die Kleinsten, die im Kinderwagen mit von der Partie sind, auch für vierbeinige Familienmitglieder ist der Spaziergang ideal. Zwar ist Freilauf genauso wie Baden verboten, aber der Weg durch den schattigen Wald entlang des Seeufers verspricht angenehme Kühle an heißen Tagen. So kann man sich – die Nase fest auf den Boden gerichtet – ganz den spannenden Gerüchen widmen. Zudem lassen wechselnde Untergründe aus Waldboden, Kies sowie Holzbohlen keine Langeweile aufkommen und sind trotzdem für »jederhund« leicht zu bewältigen. Alle, die sportlich unterwegs sind, können außerdem die Trittsicherheit ihrer Pfoten beim Balancieren über Baumstämme und Felsen trainieren.

Zwischen Ufer und Straße liegt das Restaurant *Arberseehaus*. Im Wintergarten, in der Stube und auf der Terrasse werden hier bayerisch-böhmische Spezialitäten angeboten. Abends ist das Lokal geschlossen.

# 53

**Grenzglashütte Bayerisch Eisenstein**

Bahnhofstraße 48
94252 Bayerisch Eisenstein
09925 903302
www.grenzglashuette.info

# 100 PROZENT WALD

## Grenzglashütte Bayerisch Eisenstein

Die Chefin der Grenzglashütte hat vier Beine und ein gepflegtes goldgelbes Fell. Bereits auf dem Türschild der Glasboutique erfahren wir, dass sie Susi heißt und wir stehen auch gleich vor ihrem Chefsessel – einem bequemen Hundebett, von dem aus sie den gesamten Verkaufsraum gut im Blick hat. Neben der Chefin gibt es noch die Dame, die zwei- und vierbeinige Kunden herzlich willkommen heißt und mit der wir sofort ins Fachsimpeln über unser Lieblingsthema »Hunde« geraten. Fellnasen, die sich nicht wie der sprichwörtliche Elefant im Porzellanladen benehmen, brauchen ihrerseits keine schiefen Blicke zu befürchten, wenn sie sich mit ihrer Familie in der Glasboutique und den angrenzenden Waldmanufakturen umsehen.

Wer auf der Suche nach einem Souvenir ist, wird hier garantiert fündig. Es werden Kunstwerke aus Glas angeboten, aber auch die unterschiedlichsten anderen Produkte aus dem Bayerischen Wald. Alle garantiert von Hand und in der Region hergestellt – 100 Prozent Wald eben, wie das Siegel am Eingang bereits verspricht. *Zoiglbeisser*, Weißbierschokolade, ein Bierbad, handbedruckte Kissenüberzüge … die Auswahl ist groß und schnell hat man die Qual der Wahl. Wir haben genügend Zeit, und da sich unser Hund schließlich entspannt vor den Regalen ausstreckt, können wir uns in aller Ruhe umsehen. Wer nach diesem Einkaufsbummel Appetit auf heimische Küche bekommen hat, braucht nicht weit zu gehen. Direkt vom Laden aus gelangt man in das gemütliche Restaurant mit Biergarten, in dessen Mitte ein Backofen steht, in dem regelmäßig frisches Brot gebacken wird. Auch hier fällt beim Blick auf die Speisekarte die Entscheidung schwer: *Glosmocha-Gulasch* in Dunkelbier, Böhmische *Germ-Liwanzen* oder doch lieber Bio-Ziegenkäsemousse? Eins steht fest: Hungrig werden wir nicht nach Hause fahren.

Wer daheim feststellt, dass er Mitbringsel vergessen hat, kann schummeln und im Onlineshop (www.waldmanufakturen.de/geschenke.html) regionale Produkte aus dem Bayerischen Wald bestellen.

54

**Localbahnmuseum**
Bahnhofstraße 44
94252 Bayerisch Eisenstein
09925 1376
www.localbahnverein.de

**Tourist-Information Bayerisch Eisenstein**
Schulbergstraße 1
94252 Bayerisch Eisenstein
09925 9019001
www.bayerisch-eisenstein.de

# GESCHICHTE ZUM ANFASSEN

## Localbahnmuseum

Ein Blick aus dem Fenster lässt nichts Gutes erahnen und nach der morgendlichen Gassirunde steht fest, dass der Landregen die Tagesplanung gründlich vereitelt hat. Falls ein Tag im Hotel keine Option darstellt, ist das Localbahnmuseum eine echte Alternative. Kein Zögern, kein genervter Blick – selbstverständlich darf uns der Hund begleiten, erfahren wir an der Kasse, und unsere Vorfreude auf die Ausstellung wächst.

Allein das Museumsgebäude ist schon sehenswert: Über 20 Fahrzeuge aus den verschiedensten Epochen sind in einem original restaurierten Rundlokschuppen aus Granit untergebracht, den die Königlich Privilegierte Aktiengesellschaft der Bayerischen Ostbahn im Jahr 1877 errichtete. Dampf- und Diesellokomotiven, Draisinen, Dienstfahrzeuge, Signale und das unterschiedlichste Eisenbahnzubehör kann man hier bestaunen und sich ausführlich über die bayerische Eisenbahngeschichte informieren. Den besten Überblick über die Exponate haben Besucher übrigens von der Galerie aus. Ständig kommen weitere Ausstellungsstücke dazu, und in der Museumswerkstatt wird repariert und gebastelt, um alles wieder in einen funktionsfähigen Zustand zu versetzen.

Auf dem Außengelände befinden sich neben weiteren Wägen eine intakte Drehscheibe, Schlackengruben und Wasserkräne, die heute noch zur Versorgung von Dampfsonderzügen genutzt werden. Hier werden nicht nur Eisenbahnerträume wahr, sondern die ganze Familie ist begeistert von diesem Museum zum Anfassen, in dem ein Stück Geschichte wieder lebendig wird. Selbst der Vierbeiner entdeckt so manch Neues und Unbekanntes und ist fasziniert von den spannenden und ungewohnten Gerüchen. Eingefleischte Fans kommen am Museumsladen nicht vorbei, der neben Souvenirs eine interessante Auswahl an Fachliteratur bietet.

Die Tourist-Info im Ort ist ganz auf Vierbeiner eingestellt. Dort ist eine Hundebeutelstation vorhanden und wir wurden sehr nett und ausführlich zum Thema »Hundeurlaub« beraten.

55

**Schwellhäusl**
Schwellhäusl 310
94252 Bayerisch Eisenstein
09925 460
www.schwellhaeusl.de

**Zwieseler Waldhaus**
Zwieslerwaldhaus 28/30
94227 Lindberg bei
Zwiesel
09925 902020
www.zwieselerwaldhaus.de

# TRIFTERKLAUSE MIT BIERWUNDER

## Gasthaus *Schwellhäusl*

Der reizvollste Weg zum mitten im Nationalpark gelegenen Gasthaus *Schwellhäusl* verläuft durch den *Watzlik-Hain*. Um dorthin zu gelangen, fährt man durch den Ort Zwieslerwaldhaus und folgt der Straße bis zum letzten Parkplatz P2 in Brechhäuslau. Nach ein paar Metern auf der Forststraße beginnt der schattige *Schwellsteig* mit seinen zahlreichen Bächlein und Rinnsalen, in denen sich Hunde mit Begeisterung die Pfoten kühlen und ihren Durst stillen. Nicht verpassen sollte man die Abzweigung vom Rundweg, sie führt einen vorbei an uralten Baumriesen zur *Dicken Tanne*, die mit einer Höhe von 50 Metern und einem Stammdurchmesser von zwei Metern der stärkste Baum des Bayerischen Waldes ist.

Zurück auf der Hauptroute ist es jetzt nicht mehr weit bis zu der traditionsreichen Einkehr, die seit 125 Jahren von der Familie Lettenmaier bewirtschaftet wird. Schon vor der Hütte erwartet uns eine Überraschung: Aus einem Felsen sprudelt Schwarzbier – ein Brunnen der besonderen Art, der nicht nur Liebhaber des Gerstensafts begeistert. Kinder entdecken sofort den großen Abenteuerspielplatz, der zum Klettern und Toben einlädt. Weil es keinerlei Autoverkehr gibt (das *Schwellhäusl* ist nur zu Fuß zu erreichen), können die Kleinen gefahrlos über die Wiesen tollen. Große und kleine Tierfreunde und so mancher Hund freuen sich über die zahlreichen Mitbewohner der Hütte: Da schreit ein Esel, dort meckert eine Ziege und auf dem Schuppendach schlägt ein Pfau sein prachtvolles Rad. Unser vierbeiniger Begleiter entdeckt natürlich zuerst die Hasen – das wäre ein Mittagessen! Während die Fellnase von dieser »Brotzeit« nur träumen kann und sich mit mitgebrachten Keksen begnügen muss, lassen wir es uns im Biergarten schmecken, wo sowohl deftige bayerische Gerichte als auch Kaffee und Kuchen angeboten werden.

Im Gasthaus und Ferienhotel *Zwieseler Waldhaus* sind Hunde auch als Übernachtungsgäste herzlich willkommen. Das älteste Gasthaus im Bayerischen Wald ist ein optimaler Ausgangspunkt für die Wanderung.

56

**Nationalparkzentrum Falkenstein Haus zur Wildnis**
Eisensteiner Straße 20
94227 Lindberg-Ludwigsthal
09922 50020
09922 8045843 (Gastronomie)
www.nationalpark-bayerischer-wald.bayern.de
www.gastronomie-hauszurwildnis.de

# MIT DEM HUND ZUM WOLF

## Tierfreigelände im Nationalparkzentrum Falkenstein bei Ludwigsthal

Herden von Wildpferden und Auerochsen, Luchse und Wölfe umgeben von fast unberührter Natur – Kanada! Nein, Bayerischer Wald! Ohne Flugreise, dafür in Begleitung des vierbeinigen Freundes lassen sich die Tiere im ältesten Nationalpark Deutschlands beobachten. Während Pferde kurz nach der Eiszeit die Steppen bevölkerten, lebten die Urrinder hier bis ins Mittelalter, und Wolf und Luchs sind mit kurzer Unterbrechung bis heute Bewohner der Wälder.

Auf einem knapp drei Kilometer langen, barrierefreien Weg kommt man den Pferden und Auerochsen fast zum Greifen nahe und in einer rekonstruierten Höhle wird der Besucher multimedial zurückversetzt in die Steinzeit, in der diese Tiere hier heimisch waren. Hunde dürfen überall mit und spüren sicher dank ihres Geruchssinns die Anwesenheit von Wölfen und Luchsen, lange bevor wir die scheuen Waldbewohner mit etwas Glück und Geduld entdecken. Am besten gelingt das vom Aussichtsturm im Wolfsgehege, der einem bei gutem Wetter einen weiten Blick über das Gebiet zwischen Arber und Falkenstein ermöglicht. Für sportliche, furchtlose Vierbeiner sind die Holzstufen im oberen Teil kein Problem, die ersten beiden Treppenabschnitte aus grobem Gitter sind allerdings nur für große Pfoten geeignet (kleine Hunde eventuell bis zu den Holzstufen tragen).

Das mitten im Nationalparkzentrum gelegene *Haus der Wildnis* wäre allein schon einen Besuch wert. Eine interaktive Dauerausstellung informiert über Flora und Fauna, im Laden wird lokale Handwerkskunst angeboten und die ökologisch zertifizierte Gastronomie bietet regionale Küche. Hunde sind überall außer in den Museumsräumen willkommen. Für diejenigen unter ihnen, die so lange alleine bleiben, stehen Boxen zur Verfügung, in denen sie warten können, bis ihre Familie die Erlebnis- und Spielstationen erkundet hat.

Der Eintritt ist frei, der Parkplatz nicht. Wer auf das Auto verzichtet: Die Waldbahn hält direkt auf dem Gelände – Haltestelle Ludwigsthal/Haus zur Wildnis. Maulkorb nicht vergessen!

# 57

**Pension Sonnleit'n**
Büchelweg 8
94227 Zwiesel
09922 1824
www.sonnleitn.de

**Restaurant Marktstube**
Angerstaße 31
94227 Zwiesel
09922 6285
www.restaurant-
marktstube.de

# FAMILIÄRER RUDELURLAUB

## Pension Sonnleit'n

Mit dem Hund in den Urlaub zu fahren ist heute ganz normal und meist recht unproblematisch. Genauer gesagt, mit *einem* Hund. Mit mehreren Fellnasen oder gar sogenannten Listenhunden wird die Buchung jedoch zu einer echten Herausforderung. Anders in Zwiesel: Bis zu fünf Hunde – egal welcher Rasse – dürfen im gemeinsamen Zimmer wohnen, sollten es mehr sein, ist das nach vorheriger Anfrage ebenfalls nicht ausgeschlossen.

Damit sich die Vierbeiner rundum wohlfühlen, wird einiges geboten. Gleich bei der Ankunft gibt's ein Begrüßungsleckerli, Pfotentücher, Decke und Napf stehen schon bereit. Apropos Futter: Wer zu Hause nur Frisches gewohnt ist, muss in der schönsten Zeit des Jahres nicht auf trockene Kekse umsteigen. BARF oder angebrochene Dosen können im Kühlschrank im Eingangsbereich gelagert werden, gegen Aufpreis ist sogar eine eigene »Minibar« für diesen Zweck erhältlich. Für Vierbeiner, die die Ruhe schätzen, stehen Zimmer mit eigener kleiner Terrasse zur Verfügung, geselligere Typen treffen sich im teilweise auf 1,50 Meter Höhe umzäunten Garten. Wasserratten planschen im großen Hundepool, Sportskanonen powern sich auf dem Agility-Parcours aus und für Fans von Schlammpackungen und Igelmistparfum steht eine Hundedusche bereit.

Fast hätte ich es vergessen: Auch für Menschen ist einiges geboten: eine Bibliothek, Tischtennis, Spiele, Dart … für genügend Abwechslung an Regentagen ist gesorgt. Frühstück, Grillabend, geführte Wanderung – alles wird gemeinsam unternommen. Oder doch nicht? Die Kinder quengeln, weil sie ins Freibad wollen, und Sie würden sich gerne in die unterirdischen Gänge der Stadt wagen, wohin Sie der Vierbeiner leider nicht begleiten darf? Dank des hauseigenen Betreuungsservices lassen sich diese Wünsche ebenfalls realisieren.

Im Restaurant Marktstube wird nicht nur sehr gut und frisch gekocht, hier sind Hunde zudem gern gesehene Gäste.

# 58

**Gut Aiderbichl**
Eichberg 26
94469 Deggendorf
09901 903298
www.gut-aiderbichl.com

## HEIMAT FÜR GERETTETE TIERE

Gnadenhof *Gut Aiderbichl*

Mehr als 300 Tiere haben auf dem Gnadenhof *Gut Aiderbichl* eine neue Heimat gefunden. Von der Taube bis zum Ziegenbock ist allen eins gemeinsam: Sie wurden verstoßen, ausgesetzt oder sollten geschlachtet werden und konnten im letzten Moment ihrem Schicksal entfliehen. In ihrer neuen Heimat bei Deggendorf kann man sie nicht nur besuchen, sondern erfährt auch auf den diversen Hinweistafeln oder bei einer der täglich mehrfach stattfindenden Führungen alles über ihr altes und neues Leben.

An der Leine darf der vierbeinige Familienbegleiter überall mit (außer ins Katzenhaus) und auf der schön gelegenen Hundewiese ist herumtoben ausdrücklich erlaubt. Aber auch ohne Spiel und Spaß auf dem umzäunten Gelände ist der Ausflug für den besten Freund des Menschen ein Erlebnis: In der Stallgasse steht plötzlich ein freundlicher Ziegenbock, auf den Rundwegen kommt einem ein Pferd entgegen und nur durch einen Maschendrahtzaun getrennt sieht sich der Vierbeiner Aug in Aug mit neugierigen Gänsen.

Für die jüngsten Familienmitglieder bietet *Gut Aiderbichl* ein spezielles Ferienprogramm: Mehrmals pro Woche dürfen sie die Tierpfleger bei der Arbeit unterstützen: misten, Ponys putzen, Futter vorbereiten – mit anderen Worten, den Tieren ganz nahe sein. Bei diesem Ausflug erhalten nicht nur Kinder Einblicke in die moderne Land- und Milchwirtschaft, und wer einmal weiß, woher Joghurt und Schnitzel stammen, sieht vieles mit anderen Augen. Apropos Schnitzel: Fleisch sucht man im Restaurant des Gutes vergeblich. Konsequent werden ausschließlich vegane und vegetarische Gerichte angeboten. Wer die Stiftung unterstützen möchte, kann verschiedene Souvenirs im Shop des Haupthauses erwerben oder »Aiderbichler« werden und mit regelmäßigen Spenden zum Fortbestehen des Gnadenhofes beitragen.

Ein entspanntes Picknick inmitten der Tiere auf der grünen Wiese mit einem regionalen, veganen oder vegetarischen Picknickkorb aus dem Restaurant ist ein echtes Erlebnis für die ganze Familie.

59

**Landpartie**
Sicking 29
94571 Schaufling
09901 902986
www.landpartie-
ambiente.de

## CAFÉ UND LADEN IM GRÜNEN

Café und Laden *Landpartie* in Sicking

Spätbarocker Gewölbekeller oder Elfengarten? Fast muss man froh sein, wenn das Wetter nicht perfekt mitspielt und einem so die Entscheidung abgenommen wird, wo man sich gemütlich niederlässt. Wir kamen früh im Jahr und haben Biokaffee und selbst gebackenen Kuchen (die Vitrine stellt einen vor die Qual der Wahl) drinnen genossen. Dass die *Landpartie* – dem Namen entsprechend – weit ab vom Schuss mitten im Grünen liegt, ist kein Nachteil, sondern trägt zur Entschleunigung bei, die man hier sucht und findet. Der ehemalige Versorgerhof des Klosters Niederaltaich, der heute ein Café und einen Laden beherbergt, steht im kleinen Weiler Sicking. Hier kommt keiner zufällig vorbei und trotzdem ist der Geheimtipp immer gut besucht.

1997 hatte sich die Betriebswirtin und Hotelfachfrau Barbara König in das Gebäude verliebt und es ursprünglich lediglich als Wohnhaus gekauft. Bei den Renovierungsarbeiten entstand die Idee für ein Geschäft mit Spezialitäten wie hausgemachtem Sirup und Fruchtaufstrichen, Kaffee, handgeschöpften Seifen und vielem mehr. Ein paar Jahre später kam das Café dazu. Im wildromantischen Außengelände entspannt man bei Vogelgezwitscher und dem Zirpen der Grillen von Hektik und Lärm des modernen Lebens. Ein Rundgang durch den liebevoll angelegten Naturgarten führt die Gäste vorbei an Statuen, Gartenmöbeln und Accessoires für drinnen und draußen. Die schönen Dinge laden nicht nur zum Bewundern, sondern auch zum Kauf ein. Fast alles, was hier zu sehen ist, kann als Souvenir von diesem ruhigen Ausflug aufs Land erstanden werden.

Und der Hund? Ist natürlich ebenfalls willkommen! Susi, die kleine weiße Spitzdame, empfängt Besucher meist schon an der Gartenpforte in ihrem wunderschönen Reich und geleitet anschließend Zwei- und Vierbeiner zum Tisch.

In herrlicher Natur gelegen bietet die Gegend rund um die *Landpartie* viele Möglichkeiten für einen Verdauungsspaziergang, und die Wirtin gibt gerne Tipps für eine Hunderunde im *Lallinger Winkel*.

60

**Historisches Waldferien-dorf Dürrwies**
94253 Bischofsmais
09920 335
www.waldferiendorf-duerrwies.de

## WIR SIND DANN MAL WEG

### Historisches Waldferiendorf Dürrwies

Aus der Zeit gefallen, historisch und doch modern, ruhig und doch voller Leben. Das auf 800 Metern Höhe gelegene Feriendorf lässt sich nur schwer beschreiben, man muss es gesehen haben. Gerade als ich mich auf der Fahrt dorthin frage, ob ich nicht versehentlich auf einem Forstweg Richtung Nirgendwo gelandet bin, sehe ich den Parkplatz. Dürrwies ist autofrei, ab jetzt geht's zu Fuß weiter. Verschlungene Wege führen durch den Wald, in dem wunderschöne, alte Waidlerhäuser auftauchen. Kinderlachen, Hundegebell, Vogelgesang, aber kein Straßenlärm. Die Zeit könnte tatsächlich stehen geblieben sein in den 60er-Jahren des letzten Jahrhunderts, als die alten Holzhütten im Bayerischen Wald immer öfter von ihren Besitzern aufgegeben wurden – zum Bedauern von Baron von Detten, der einen genialen Einfall hatte: Er suchte die schönsten Gebäude, ließ sie abtragen und an diesem Ort als Dorfensemble erneut errichten. Dabei wurden sie einerseits mit modernstem Komfort (dem sie heute noch entsprechen) und andererseits mit Antiquitäten ausgestattet.

Dürrwies ist ein Traum für naturverbundene Erwachsene, für Kinder und Hunde sowieso. Dank fehlender Autos und Straßenbeleuchtung funkeln hier die Sterne nachts heller und die abgasfreie Luft ist würziger als anderswo. Vor der Tür findet man Beeren und Pilze, und abends kann es vorkommen, dass sich Fuchs und Hase vor dem Fenster gute Nacht sagen. Wer will, wohnt fernsehfrei, schließlich wird es hier nie langweilig. Spielplatz, Waldschwimmbad und Tischtennisplatte – für Bewegung ist gesorgt. Der Vierbeiner ist ebenfalls gut beschäftigt: Planschen im Bach, Toben auf der Wiese oder gemeinsam direkt im Dorf zu einer längeren Wanderung aufbrechen – Hundeträume werden wahr, und so mancher Nachfahre des Wolfes wird sich seiner Wurzeln besinnen und gar nicht mehr zurück wollen in das hektische Leben unserer Zeit.

Dürrwies ist auch im Winter ein Geheimtipp. Viel Schnee, keine Knallerei zu Silvester, eine eigene Rodelbahn und überall gemütlich prasselnde Kaminfeuer versprechen Entschleunigung und Romantik pur.

# 61

**Schafhof Perl**
Familie Perl
Grub 26
94259 Rinchnach
09928 224
www.schafhof-perl.de

# NICHT NUR FÜR HÜTEHUNDE

## Schafhof Perl

Die Zeiten, als der Schäfer mit seiner Herde zum Landschaftsbild gehörte, sind lange vorbei. Auch Familie Perl kämpft mit Problemen wie dem Verfall von Woll- und Fleischpreisen, hat aber trotzdem einen Weg gefunden, ihren fast 250 Jahre alten Hof als Familienbetrieb weiterzuführen. 15 verschiedene Rassen, darunter so ausgefallene Tiere wie das ungarische Zackelschaf, halten sie auf ihren weitläufigen Weiden.

Wir haben uns bei einer der regelmäßig stattfindenden Besichtigungen angemeldet, bei denen Ernst Perl Besucher über die Weiden und durch die Stallungen führt, wobei auch Hunde überall willkommen sind. Lämmern das Fläschchen zu geben oder den aus der Fernsehserie *Forsthaus Falkenau* bekannten Schafbock Xaver kennenzulernen, ist nicht nur für Kinder ein Erlebnis. Unser Vierbeiner ist beeindruckt von den vielfältigen Gerüchen und dem direkten Kontakt zu den wolligen Tieren. Als ein Mutterschaf allerdings herausfordernd mit dem Vorderhuf scharrt, versteckt er sich schnell hinter seinen Menschen – sicher ist sicher.

Nach der Führung über das Gelände geht es auf den alten Getreideboden. In einem kleinen Seminarraum erfahren wir hier alles rund um Produkte vom Schaf und die alljährliche Schur. Keine Frage bleibt offen und zum Schluss locken Kostproben von Schafskäse und -salami. Dem aufmerksamen Vierbeiner entgeht an dieser Stelle natürlich nicht, dass manchmal etwas von den Leckereien versehentlich auf dem Boden landet. Auch wer gerne regional einkauft, wird fündig: Schokolade, Wurst, Fleisch, Käse, Kosmetik und die verschiedensten Kleidungsstücke – alles, was das Schaf hergibt, wird verarbeitet und zum Kauf angeboten. Verständlich, dass bei einer derartigen Auswahl an hochwertigen Waren kaum einer ohne eine gut gefüllte Einkaufstasche den Heimweg antritt.

Hunderunden sind direkt ab Hof möglich. An verkaufsoffenen Sonn- und Feiertagen (und für Gruppen nach Anmeldung) bietet das *Brotzeitstüberl* hausgemachte Kuchen und Produkte vom Schaf an.

62

**Hotel St. Florian**
Althüttenstraße 22
94258 Frauenau
09926 9520
www.st-florian.de

# Auszeit für Zwei- und Vierbeiner

## Hotel St. Florian

Das *St. Florian* ist kein Hundehotel. Wer einen Agility-Parcours und umzäunten Freilauf für seinen Begleiter sucht oder auf einen Gratisaufenthalt für ihn hofft, ist hier an der falschen Adresse. Das heißt aber nicht, dass Vierbeiner nicht willkommen wären. An der Rezeption gibt's Tipps, wo man auch mal ohne Leine unterwegs sein kann – zuverlässiges Gehorchen vorausgesetzt, bei der Ankunft steht schon ein Napf mit einer kleinen Begrüßung bereit und zur Familie der Inhaber gehört ein Boxer.

Angebote wie *Alltagsflucht, Aktive Auszeit* oder *Wohlfühlpause* versprechen nicht zu viel. Die Einrichtung, die hauptsächlich aus Holz und Glas besteht, die hervorragende Küche sowie die ruhige, freundliche Art von den Mitarbeitern und Hoteliers sorgen dafür, dass sich das Urlaubsgefühl schnell bei allen einstellt. Sowohl für Kunstbegeisterte als auch für Wanderfreunde ist das Hotel ideal gelegen. Direkt hinter dem Haus beginnt der zweieinhalbstündige Aufstieg auf den 1.453 Meter hohen *Rachel,* die Ausgangspunkte für Touren auf *Lusen* und *Falkenstein* erreicht man nach einer kurzen Autofahrt. Im näheren Umkreis liegen entlang der *Glasstraße,* die durch den Ort führt, zahlreiche Skulpturenparks und Manufakturen.

Erholung pur bietet der Spa-Bereich des Hotels: Außen- und Innenpool, verschiedene Saunen, Fitnessraum, Erfrischungsbar und vieles mehr lassen keine Wünsche offen. Die Wellnessoase ist zwar den zweibeinigen Gästen vorbehalten, aber allzu lange dauert das Warten auf die Familie nicht – zum Abendessen dürfen wieder alle mit. Das ist auch gut so, denn bei leckeren fünf Gängen bestehend aus regionalen Fleisch- und Fischspezialitäten, vegetarischen Schmankerln, Käse und süßen Köstlichkeiten vergeht die Zeit wie im Fluge.

Direkt hinter dem Hotel liegen die Gläsernen Gärten von Frauenau – ein idealer Ort für die schnelle Gassirunde.

68

**Gläserne Gärten an der Tourist-Information Frauenau**
Am Museumspark 1
94258 Frauenau
09926 7979001
www.frauenau.de

# KUNST UND SPASS IM PARK

## Gläserne Gärten

Ein »Stadtpark« in einer Ortschaft mit weniger als 3.000 Einwohnern – das klingt nach drei Bänken, einer Schaukel und maximal noch einer »dog station«. Keine Sehenswürdigkeit also, sondern der nächstgelegene Platz für »dringende Geschäfte«. Nicht in Frauenau: Ein rund drei Kilometer langer, barrierefreier Weg führt über ein acht Hektar großes Gelände, das mit seinen Glasskulpturen, Wiesen und Spielgeräten die ganze Familie begeistert. Sogar mutige Vierbeiner können hier Glaskunst hautnah erleben, indem sie gemeinsam mit ihrem Menschen das Spiegelkabinett erkunden oder auf einer in der Wiese eingelassenen Glasskulptur »Sitz« machen.

Ihr Hund ist weniger kulturell, sondern eher sportlich ambitioniert? Dann wird er begeistert sein von dem seichten Bach mit Badeplatz und der Insel, die er nur auf einem Baumstamm balancierend erreichen kann. So ausgepowert ist es kein Problem mehr, an den Audiostationen kurz zu warten, solange sich die Zweibeiner über die Kunstwerke und Glashütten informieren. Wer nicht nur seinen tierischen Begleiter, sondern auch sich selbst fit halten möchte, kommt auf den Klettergerüsten hoch hinaus, und Kinder dürfen sich auf dem Spielplatz austoben. Zum Entspannen zwischendurch stehen überall Ruheplätze zur Verfügung.

Wenn irgendwann alle hungrig und durstig von so viel Kultur und Bewegung sind, rundet ein leckerer Kuchen oder eine herzhafte Brotzeit in der Cafeteria der Tourist-Information den Ausflug ab. Direkt am Park gelegen ist sie nicht zu übersehen. Wer sich mit den dort ausgelegten Flyern eindeckt, sammelt gleich Inspiration für den nächsten Ausflug. Leider dürfen Hunde nicht mit in das angrenzende Glasmuseum, aber interessierte Familienmitglieder können die Ausstellung besichtigen, während jemand mit dem Vierbeiner in der Cafeteria wartet.

Der Park kann zu jeder Tageszeit besucht werden, ist aber besonders schön, wenn die Sonne tief steht und mit ihrem warmen Licht das bunte Glas der Skulpturen zum Leuchten bringt.

64

**Freiherr von Poschinger Glasmanufaktur**
Moosauhütte 14
94258 Frauenau
09926 94010
www.poschinger.de

# DEUTSCHLANDS ÄLTESTE GLASHÜTTE

## Freiherr von Poschinger Glasmanufaktur

Deutschlands älteste Glashütte, die zudem die längste Familientradition der Welt aufweist, ist seit 1605 in Frauenau in Betrieb. Damit steht diese Sehenswürdigkeit bei einem Urlaub im Bayerischen Wald ganz oben auf der Sightseeing-Liste. Wer aber auf den Hof des über 450 Jahre alten Guts fährt, ist sich fast sicher, dass der Hund niemals mit rein darf. Zu sehr drängt sich der Gedanke vom »Elefant im Porzellanladen« auf, wenn man bereits vor der Werkshalle und in den Schaufenstern der Verkaufsräume die filigranen Kunstwerke der Glashütte Poschinger bewundert. Umso größer dann die Freude bei einem vorsichtigen Blick durch den Türspalt, bei dem man gleich im Eingangsbereich einen Wassernapf und Leckerli entdeckt.

Tatsächlich sind Vierbeiner in dieser Manufaktur äußerst willkommen. Mehr noch: Linus, der Hüttenhund, hat in der historischen Ofenhalle sogar seinen Arbeitsplatz. Jeden Tag kommt er, zusammen mit seinem Menschen, der hier als Glasbläser tätig ist, aus Tschechien nach Frauenau, um die Besucher zu begrüßen und die Fortschritte an den Schmelzöfen im Blick zu behalten. Das alles kommt nicht von ungefähr: Benedikt Freiherr Poschinger von Frauenau ist ein begeisterter Dackelfan und achtet sehr darauf, dass es nirgends auf dem Gelände heißt »Wir müssen draußen bleiben«.

Wer will, kann sich im Rahmen einer Führung selbst als Glasbläser versuchen, oder aber anschließend ein Mitbringsel im Werksverkauf erstehen. Von der kleinen Vase bis zum ausgefallenen Kunstwerk findet man hier alles. Für weniger Kurzentschlossene: Im Online-Shop lässt sich auch zu Hause noch ein Andenken aus dem Bayerischen Wald erstehen. Barrierefrei, hundefreundlich, kindgerecht – die Glashütte Poschinger bietet Kunst zum Anfassen für die ganze Familie.

Die Glasmanufaktur ist ein ideales Ausflugsziel bei schlechtem Wetter. Für die anschließende Einkehr bietet sich zum Beispiel das Café in der Touristinformation von Frauenau Am Museumspark 1 an.

65

**Trinkwassertalsperre Frauenau**
Schachtenstraße in Oberfrauenau
94258 Frauenau
www.landeskraftwerke.bayern/frauenau.htm

## PREISGEKRÖNTES WASSERRESERVOIR

### Trinkwassertalsperre Frauenau

Der Fluss *Kleiner Regen* und der Hirschbach speisen den See, der – fernab von Landwirtschaft und Zivilisation in einem Wasserschutzgebiet gelegen – den Bayerischen Wald mit Trinkwasser versorgt. Der Damm, der die beiden Gewässer aufstaut, ist mit rund 71 Metern Höhe nicht nur ein imposanter, sondern auch ein schöner Anblick, sodass das Bauwerk bereits einen Architekturpreis erhalten hat.

Der Rundweg, der um den 0,9 Quadratkilometer großen See führt, dauert ungefähr eineinhalb bis zwei Stunden. Man muss kein passionierter Wanderer sein, um die 130 Höhenmeter zu bewältigen und selbst für Kinder und Hunde gibt es keine nennenswerten Hindernisse. Allerdings empfiehlt es sich, Wasser mitzunehmen. Klingt zwar wie »Eulen nach Athen« tragen, aber im Wasserschutzgebiet ist sowohl Fischen und Jagen als auch das Betreten der Ufer verboten, sodass es für den Vierbeiner schwierig wird, seinen Durst zu stillen – trotz der gut 20 Millionen Kubikmeter kühlen Nasses vor der Schnauze.

Abgesehen von dieser Einschränkung ist die Talsperre definitiv einen Ausflug wert. Würde nicht der Entnahmeturm aus der Oberfläche ragen, könnte man fast vergessen, dass es sich um ein künstlich angelegtes Gewässer handelt. Zu malerisch schlängelt sich der Weg am Ufer entlang und führt durch die nahezu unberührte Waldlandschaft. Besonders beeindruckend ist der Ausblick vom Staudamm: Hier liegt nicht nur der gesamte See vor einem, sondern mit dem *Rachel* auch einer der höchsten Berge des Bayerischen Waldes. Am besten startet man am Wanderparkplatz *Trinkwassertalsperre Frauenau*, von wo aus man in einer knappen halben Stunde die Dammkrone erreicht. Nutzen Sie nicht den ersten Parkplatz am Waldanfang, fahren Sie lieber bis zum Ende der Straße, um nicht gut zwei Kilometer zusätzlichen Fußmarsch in Kauf zu nehmen.

Packen Sie eventuell eine kleine Brotzeit und ein paar Leckerchen für den Vierbeiner ein, denn im Wasserschutzgebiet gibt es keine Einkehrmöglichkeiten.

# DER SÜDEN

66

**Fleischeslust Tiernahrung Werksverkauf**
Schwarzachstraße 25
94518 Spiegelau
08581 9861112
www.fleischeslust-tiernahrung.de

# SHOPPING-SPASS GARANTIERT

## Fleischeslust Tiernahrung Werksverkauf

Sie hatten alles perfekt geplant: Futter, Näpfe, Geschirr – am Ende bekam Bella sogar ihre eigene Reisetasche. Aber dann zeigt sich das Wetter viel rauer als erwartet, und beim Einsteigen in die Waldbahn heißt es plötzlich »Kein Zutritt für Hunde ohne Maulkorb«. Den und einen passenden Hundemantel weitab von größeren Städten zu finden, könnte schwierig werden, aber das Geschäft *Fleischeslust* schafft Abhilfe. Mitten im Wald, wo man am wenigsten ein derartiges Einkaufsparadies für Tiere erwarten würde, findet man, was für einen entspannten Urlaub in allen Lebenslagen wichtig ist. Bunte Maulkörbe, Hundemäntel, Spielzeug, Leinen, Futter und vieles mehr – erfreulich viel Auswahl für den Werksverkauf einer Futtermittelfirma. *Fleischeslust* setzt bei allen Rezepturen auf regionale Ausgangsstoffe mit hoher Qualität. Bei hochwertigem Nassfutter, BARF und Leckerli kommt jeder tierische Gourmet auf seine Kosten. Nur Trockenfutter suchen Hundefreunde hier vergeblich. Aus verschiedenen Gründen entspricht es nicht der Philosophie der Inhaber und wird daher weder selbst produziert noch angeboten. Gerne werden die Mitarbeiter die Hintergründe dazu erklären und für Fragen rund um Vierbeiner und den Bayerischen Wald zur Verfügung stehen.

Denken Sie auf jeden Fall daran, einen gut gefüllten Geldbeutel oder die EC-Karte einzustecken! Nicht wegen zu hoher Preise, aber wer möchte schon seinem Liebling die köstlichen Kaninchenohren vorenthalten, in die er so begehrlich die Nase steckt? Oder den Kindern das lustige T-Shirt? Ganz nebenbei landet außerdem das süße Halsband und ein Wanderführer im Einkaufskorb – in kürzester Zeit ist die Tasche voll, und der Geldbeutel leer. Macht nichts, denn es hat sich gelohnt: Sie haben alles bekommen, wonach Sie gesucht haben, und bestimmt noch etwas mehr.

Für Futternachschub nach dem Urlaub im Online-Shop vorbeischauen!

67

**Waldspielgelände mit Naturerlebnispfad**
Waldparkplatz am Trosselweg
94518 Spiegelau

**Tourist-Information Spiegelau**
Konrad-Wilsdorf-Straße 1
94518 Spiegelau
08553 8919136
www.spiegelau.de

# TEAMBUILDING IM NATIONALPARK

## Waldspielgelände mit Naturerlebnispfad

Mit den Kindern zum Spielplatz, und der Hund darf mit? Das ist fast immer ausgeschlossen: »Hunde verboten« heißt es da nahezu überall. Auf dem rund 50 Hektar großen Waldspielgelände im Nationalpark ist das anders: Hier dürfen Erwachsene, Kinder und Hunde gemeinsam ihre Geschicklichkeit erproben. Sogar die Spielgeräte sind für den Vierbeiner erlaubt. Allerdings gilt natürlich – wie überall im Nationalpark – Leinenpflicht. Eine etwas längere Leine und ein Brustgeschirr sorgen für optimale Sicherheit und Bewegungsfreiheit. So ausgerüstet darf man sich in ein gemeinsames Abenteuer stürzen, für das man mindestens einen halben Tag einplanen sollte.

Zusammen durch einen Tunnel kriechen, über eine riesige Wippe balancieren, in einer Nestschaukel entspannen … das ist »Teambuilding« pur. Mitten im Wald kann man hier am eigenen Leib erleben, was man dem Vierbeiner abverlangt, wenn man ihn auf dem Hundeplatz durch den Agility-Parcours schickt. Plötzlich werden die Knie weich und im Tunnel schleicht sich ein beklemmendes Gefühl ein, obwohl man dem Vierbeiner ein starkes Vorbild sein sollte. Entspannter geht es auf dem circa zwei Kilometer langen Naturerlebnispfad zu.

An zehn Stationen erfahren wir die Natur mit allen Sinnen: barfuß verschiedene Untergründe ertasten und den Klängen des Waldes lauschen, sind nur ein Teil davon. Über die große Waldwiese mit Tümpel und Insektenhotel können Kinder und Hunde toben (Vierbeiner nur angeleint), aber auch zum Ausruhen und Brotzeit machen lädt die Lichtung ein. Auf Grillplätzen darf man selber etwas »brutzeln«, Hütten sorgen für ausreichend Schutz bei schlechtem Wetter. Auf dem Gelände gibt es WCs, jedoch keine Restaurants. Es lohnt sich also, einen Rucksack mit leckeren Sachen für die zwei- und vierbeinige Familie zu packen.

Beste Ausflugszeit: außerhalb der Ferien, unter der Woche vormittags. Dann ist das Gelände ziemlich verwaist, und wir stören keine Kinder, die natürlich stets Vorrang haben.

68

**Waldbahn ab Grafenau**
Bahnhofplatz 10
94481 Grafenau

**Waldbahn-Kundencenter**
Bahnhofsplatz 3
94227 Zwiesel
[illegible] 548889725 (Service-Hotline)
www.laenderbahn.com/waldbahn

# KLIMAFREUNDLICH UNTERWEGS

## Fahrt mit der Waldbahn ab Grafenau

Zugegeben, die Sache hat einen Haken: Ohne Maulkorb und Leine geht gar nichts. Wer aber wie mein Terrier gewohnt ist, seine Menschen überall hin zu begleiten, trägt das Teil normalerweise wenn schon nicht mit Begeisterung, dann doch wenigstens mit Fassung. Der Ausflug an sich ist die Mühe in jedem Fall wert. Die Fellnase wird an der Haltestelle schleunigst von der gesiebten Luft befreit, sodass sich das Ungemach in Grenzen hält. Das Streckennetz der Regionalbahn umfasst weite Teile des Bayerischen Waldes – einer bequemen und klimafreundlichen Erkundung der Region steht also nichts mehr im Wege.

Wir starten mit der WBA 3 in Grafenau und fahren über Spiegelau und Frauenau nach Zwiesel, wo wir uns die Beine vertreten und einen kleinen Rundgang durch die alte Glasstadt absolvieren. Wir überqueren den *Weißwurstäquator*, der hier 2013 in Form einer Skulptur sichtbar gemacht wurde, bestaunen die höchste Kristallglas-Pyramide der Welt und legen eine Kaffeepause ein. Hektik ist unangebracht, denn die WBA 2 bringt ihre Fahrgäste stündlich von Zwiesel nach Bodenmais, sodass jeder selbst entscheiden kann, wie lange der Aufenthalt dauern soll. Dort hat man den ganzen Tag Zeit, den Kurort zu erkunden, denn zurück nach Zwiesel geht es wieder im Stundentakt und erst abends fährt der letzte Zug nach Grafenau.

Für alle, die nicht genug bekommen von dieser Art zu reisen, bietet sich ein weiterer Ausflug auf den Schienen an. Seit 1877 verbindet die Waldbahn auf einer rund 72 Kilometer langen Strecke die Orte Bayerisch Eisenstein und Plattling. Haltestellen sind zum Beispiel die Kreisstädte Deggendorf und Regen. Naturfreunde werden sich aber besonders für Ludwigsthal interessieren. Wer hier aussteigt, befindet sich direkt im Nationalparkzentrum Falkenstein.

Für Hunde, die zwar an den Maulkorb gewöhnt sind, das Accessoire aber zu Hause vergessen haben, hält der *Fleischeslust Werksverkauf* (Schwarzachstraße 25, 94518 Spiegelau) eine große Auswahl bereit.

69

**Grashöfle**
Klosterfilz Weg 24
94568 St. Oswald
08552 692
www.grashoefle-ferien.de

# EIN TRAUM WIRD WAHR

## Pension *Grashöfle*

Zehn Jahre lang beriet Bettina Scheel Kunden zu den neuesten Modetrends, bevor sie 1988 beschloss, sich im Bayerischen Wald einen Traum zu erfüllen und ein altes Bauernhaus in ein Ferienparadies umzuwandeln. Das *Grashöfle*, wie das Urlaubsdomizil nun heißt, liegt am Waldrand, eingebettet in einen wunderschönen Garten. Hier kann man mit dem Vierbeiner in einer zwischen alten Obstbäumen angebrachten Hängematte im wahrsten Sinne des Wortes »abhängen«. Wer es lieber sportlicher mag, findet hinter dem Haus eine riesige Wiese zum Spielen und Toben oder auch zum Trainieren im ausgesteckten Parcours. Erkundet man das verwunschene Anwesen, zeigt sich sofort, dass das Herz der Inhaberin für die Natur schlägt. Entsprechend viele einschlägige Auszeichnungen wie *Nationalparkfreundliches Hotel* oder *Das Bayerische Umweltsiegel* hat sie für ihr *Grashöfle* erhalten.

Gerne beantwortet Bettina Scheel Fragen zu Wanderungen und Ausflugszielen und hat dabei stets Geheimtipps parat. Liebevoll wie die Außenanlagen sind auch die Zimmer und Ferienwohnungen gestaltet, in die pro Wohneinheit ein Vierbeiner mit einziehen darf. Dass Familien mit Kindern und Hunden wirklich willkommen sind, erkennt man am umfangreichen Serviceangebot: Reisebett, Krabbeldecke und Kinderstuhl stehen genauso bereit wie Napf, Hundekorb und Pfotenhandtuch. Schnuller daheim vergessen? Nicht an Gummistiefel für die Kleinsten gedacht? Die Hundeleine ist auch noch gerissen? Kein Grund zur Panik! In Ihrer Unterkunft ist an alles gedacht, einfach nachfragen. Sogar Souvenirs können Sie erstehen, ohne das Grundstück verlassen zu müssen. Im *Markt der guten Dinge*, dem kleinen Laden des *Grashöfle*, werden heimische Handwerksprodukte ebenso wie Bücher über die Region, Seifen und kulinarische Köstlichkeiten angeboten.

Eine besonders empfehlenswerte Wanderung in der Umgebung ist der Weg durch das *Klosterfilz*, eine herrliche Moorlandschaft. Die Inhaberin des *Grashöfle* gibt gerne ausführliche Tipps zu der Tour.

70

**Freilichtmuseum Finsterau**
Museumsstraße 51
94151 Finsterau
08557 96060
www.freilichtmuseum.de

# LEBENDIGE GESCHICHTE

## Freilichtmuseum Finsterau

Die Vorratskammern sind gut gefüllt, neben der Tür hängt die geblümte Kittelschürze und auf der Wiese tummeln sich Kühe, Schafe und Hühner. Es sieht aus, als wären die Dorfbewohner nur in die Kirche oder ins Wirtshaus gegangen und kämen jeden Moment zurück – und doch sind die letzten Hausbesitzer in den 80er-Jahren des letzten Jahrhunderts ausgezogen. Das heutige Ensemble fügte sich erst nachträglich zusammen, denn die Gebäude wurden in mühevoller Kleinarbeit an ihren ursprünglichen Standorten abgetragen und im Museum neu aufgebaut. Die Innenräume stehen den Besuchern offen und erzählen ihre ganz eigenen Geschichten. Manchmal fragt man sich, wie Großfamilien vor nicht allzu langer Zeit so beengt und einfach leben konnten. Dann wieder bedauert man, dass im Bayerischen Wald kaum jemand die Schönheit dieser alten Gebäude zu schätzen wusste, weshalb man sie fast nur noch im Museum bewundern kann.

Auch vierbeinige Besucher fühlen sich von den alten Höfen angezogen und schnuppern begeistert in jede Ritze. Im Gegensatz zu den sterilen modernen Bauten scheinen die alten Steine und Holzbalken fast zu atmen, obwohl die Zimmer, Kammern und Ställe unbewohnt sind. Wie der Alltag hier tatsächlich war, erfährt man auf Tafeln, die nicht nur allgemein informieren, sondern traurige sowie schöne Lebens- und Dorfgeschichten erzählen. Sogar Filme mit Originalaufnahmen und Berichte von Zeitzeugen werden gezeigt. Dieser Ausflug lohnt sich bei jedem Wetter, da es auch und vor allem in den Innenräumen viel zu sehen gibt. Hunde gehörten damals wie heute zu einem Dorf und sind überall gern gesehen, zudem stehen Hundestationen bereit. Unbedingt Zeit nehmen sollte man sich für eine Einkehr in der Tafernwirtschaft *Ehrn*, die bodenständige, bayerisch-böhmische Gerichte aus regionalen Produkten anbietet.

Mindestens einmal pro Woche wird Brot im Holzofen gebacken. Unbedingt an der Kasse fragen, wann die Laibe fertig sind, denn wer einen ergattern will, muss schnell sein.

# 71

**Landhotel Haus Waldeck**
Alzenbergstraße 9
94158 Philippsreut
08557 729
www.haus-waldeck-koch.de

# WELLNESS IM WALD

## Landhotel Haus Waldeck

Wer wie ich einen Hund hat, der immer mit dabei ist, prüft schon im Vorfeld des Urlaubs, ob der Vierbeiner mit ins Restaurant darf, da er sich alleine im Zimmer fürchten wird. Erfahrungsgemäß muss man auf andere Annehmlichkeiten eines guten Hotels ohnehin meist verzichten. Im Landhotel *Waldeck* dagegen bleibt der beste Freund des Menschen so gut wie nie außen vor: Kaminzimmer, Bibliothek, Billard-Raum – außer im Spa- und Kinderspielbereich ist er nie ausgeschlossen. Beim Blick auf die Inklusiv-Leistungen zeigt sich außerdem, dass das Hotel nicht nur ausgesprochen hunde-, sondern auch kinderfreundlich ist: Neben Hundekörbchen und Napfgarnitur können zudem Babyphone, Flaschenwärmer und so manch anderes, was der Nachwuchs benötigt, ausgeliehen werden.

Sie sind ein Wellnessfan und neben der Natur des Bayerischen Waldes reizt Sie vor allem das Angebot an Bädern, Massagen und anderen Anwendungen, das es hier in vielen Hotels gibt? Zusammen mit dem besten Freund auf vier Pfoten ist das oft schlicht unmöglich oder zumindest sehr schwierig zu realisieren. Anders im *Haus Waldeck*: was Ihnen recht ist, ist dem Vierbeiner billig. Den Hunden steht ein eigener Wellnessbereich mit Pool, Massagen und Akupunktur zur Verfügung. Zugegeben, mein Hund und ich, wir ziehen Moorwanderungen Moorpackungen vor, aber uns wird es trotzdem nicht langweilig: Auf der eingezäunten Wiese lässt es sich wunderbar spielen und toben, auf dem Hundeplatz kann man zwischen Slalomstangen und Hürden Mut und Sportlichkeit beweisen und im nahegelegenen Hundezentrum eine Ferienhundeschule besuchen.

Will man die herrliche Landschaft nicht nur vom Hotelgelände aus genießen, sondern auch zu Fuß erkunden, startet man am besten gleich hinter dem Haus, wo zahlreiche Wanderrouten vorbeiführen. Von Wellness bis Wandern – Philipsreut ist einen Familienurlaub wert!

Wer möchte, kann seinen Hund professionell von einer darauf spezialisierten Fotografin ablichten lassen. Einfach an der Rezeption nachfragen und ein ganz besonderes Souvenir mit nach Hause nehmen.

72

**Danibauer**
Falkenbach 2
94078 Freyung
08551 4283 oder
0151 56342097
www.danibauer.de

# TAFELN IM VORRATSKELLER

## Gaststube und Naturpension *Danibauer*

Wo früher Kraut und Rüben gelagert wurden, sitzen wir knapp 400 Jahre später gemütlich bei heimischen Köstlichkeiten zusammen. Das Tonnengewölbe aus dem Jahr 1656, in dem wir Kaffee und selbst gebackenen Kuchen genießen, ist der älteste Teil des Anwesens der Familie Gruber, die hier seit dem 17. Jahrhundert ansässig ist. Aber auch die »Stubn« – Mittelpunkt eines jeden alten Bauernhauses – versetzt einen zurück in längst vergangene Zeiten. Hier rücken die Gäste gern an kalten Tagen eng um den bullernden Kachelofen zusammen, während an warmen Sommertagen eher der Schatten der Kastanie in den Biergarten lockt, der zum romantischsten Innenhof des Landkreises gewählt wurde.

In der Tafernwirtschaft kocht, bäckt und brät Eva Gruber, die damit früh angefangen hat: Bereits mit vier Jahren stand sie auf einer Holzkiste vor dem Herd, um ihrer Großmutter zu assistieren. Die mit der Slow-Food-Schnecke ausgezeichnete Küche des *Danibauer* setzt auf Regionalität und frische, saisonale Lebensmittel – wie zu Omas Zeiten eben. Kräuter kommen aus dem eigenen Garten, das Gemüse vom benachbarten Bauern, Wild, Pilze und Beeren aus den heimischen Wäldern. Beim *Danibauer* bedeutet bayerisch-böhmische Küche nicht, dass Vegetarier verzichten müssen. Je nach Jahreszeit stehen Gerichte wie Bärlauch-Kürbisknödel oder Heidelbeer-Kaiserschmarrn auf der Karte, bei denen auch so manchem Fleischliebhaber das Wasser im Munde zusammenlaufen dürfte.

Wer aus dieser entspannten Atmosphäre längst vergangener Tage nicht mehr so schnell in unsere hektische Welt zurück will, der mietet sich in der Naturpension des Hofs ein, wo maßgefertigte Betten aus hundertjährigen Balken für einen ruhigen Schlaf sorgen. Hunde sind willkommen und werden herzlich von der zwei- und vierbeinigen Wirtsfamilie begrüßt.

Tischreservierung ist zu empfehlen! Ein gemütlicher, gut zwei Kilometer langer Verdauungsspaziergang führt um den Saußbachstausee. Start: Wanderparkplatz Freibad Zuppingerstraße (kostenlos).

73

**Buchberger Leite**
Startpunkt: Wanderparkplatz Ortsmitte
94160 Ringelai

**Landhotel Koller**
Perlesreuter Straße 5
94160 Ringelai
08555 97000
www.landhotel-koller.de

# Schwankend über den Abgrund

## Buchberger Leite

Getreu seinem Lebensmotto »Wo du bist, bin auch ich« wackelt mein Terrier dicht neben mir über das Lochgitter der Hängebrücke, die die *Wolfsteiner Ohe* überspannt, und kommt wohlbehalten am anderen Ufer an. Ganz anders seine Freundin Blue: die junge Hovawart-Hündin wirft nur einen Blick auf die Metallkonstruktion, sagt sich dann wie so oft »I do it my way« und stürzt sich todesmutig in die Fluten, um anschließend das Steilufer auf der anderen Seite des Flusses zu erklimmen. Diese Variante ist allerdings nur bei extremem Niedrigwasser für sehr sportliche, große Hunde eine Option. Alle Zwei- und Vierbeiner, denen schon beim Gedanken an solche Aktionen schwindlig wird, können statt in Ringelai am westlichen Zugang zur Schlucht beim Carbidwerk in Freyung starten und vor der Gefahrenstelle wieder umkehren. Wer den Nervenkitzel aber liebt, sollte auch erfahrene Vierbeiner mit Geschirr und Leine sichern, da das Geländer der Brücke erst auf Kniehöhe ansetzt, was für kleinere Hunde eine Gefahr darstellt.

Wir beginnen unsere Wanderung in Ringelai, queren nach einer kurzen Wegstrecke den Fluss und folgen ihm bis nach Freyung, wo er durch die Gesteinsformation *Pfahl* bricht. Immer wieder können wir dabei der Versuchung nicht widerstehen, auf einem der Felsen nahe des Flussbetts zu rasten und uns hier einen Apfel, dort einen Keks zu gönnen, während die Vierbeiner im seichten Wasser herumtollen. Am Carbidwerk angekommen passieren wir den Tunnel und gehen noch ein Stück bis zu einem kleinen Aussichtspunkt über die Wildwasserschlucht, bevor wir uns wieder auf den Rückweg zu unserem Auto in Ringelai machen. Für diese Tour brauchten wir mit Pausen etwa drei Stunden insgesamt, es stehen aber noch diverse andere Wanderwege zur Auswahl.

Nach diesem Erlebnis stärkten wir uns im Biergarten des Landhotels *Koller,* wo den Hunden auf unsere Bitte hin Fleischpflanzerln zum Sonderpreis serviert wurden.

74

**Keltendorf Gabreta**
Lichtenau 1a
94160 Ringelai
08555 407310
www.keltendorf.com

## DIE KELTEN IM BAYERISCHEN WALD

Keltendorf Gabreta

Vom Herrscherhaus über Stallungen und Hütten bis hin zu Kräutergarten, Lehmbackofen und Grabhügel – im Keltendorf Gabreta wird die Zeit vom 12. bis 2. Jahrhundert vor Christus wieder lebendig. Kleine und große Besucher begreifen hier Geschichte dank der detailgetreu rekonstruierten Gebäude im wahrsten Sinne des Wortes. Block- und Grubenhäuser mit Schindeln oder Reet gedeckt, Wände aus Flechtwerk oder Bohlen – wer genau hinschaut, lernt viel über die Architektur längst vergangener Zeiten.

Ein Audioguide und liebevolle Details sorgen dafür, dass Sie mit etwas Fantasie die Dorfbewohner vor Ihrem inneren Auge sehen, wie sie töpfern, kochen, schmieden oder beim Wasserschöpfen am Brunnen den neuesten Tratsch austauschen. Tiere dagegen bevölkern die Wiesen und Stallungen ganz real: Hier räkelt sich eine Katze in der Sonne, dort stolziert ein Hahn über seinen Hof, auf den Weiden blöken Schafe, im Stall meckern Ziegen und ein paar Enten haben den Zaun überwunden, um zu genießen, was ihnen der Kräutergarten zu bieten hat. Für den vierbeinigen Begleiter locken hinter jeder Ecke neue Gerüche und Erlebnisse: Aus dem Backofen weht der Duft vom letzten Brot, auch der Hühnermist macht irgendwie Appetit und der unverschämten Katze sollte Hund eigentlich mal Beine machen. Die Leine verhindert zwar so manches Abenteuer auf vier Pfoten, aber während die Zweibeiner sich ein Leben im Herrscherhaus ausmalen, träumt der Vierbeiner wohl vom wilden Dasein als Hofhund.

Ein Besuch bei den Kelten reißt dank günstiger Familienkarte kein allzu großes Loch in die Urlaubskasse, der beste Freund des Menschen darf sogar umsonst mit. Die Keltenstube verspricht eine Stärkung für den Heimweg und aus dem Museumsshop kann, wer will, ein Stück Vergangenheit mit nach Hause nehmen.

An zahlreichen Terminen im Jahr wird das Dorf »wiederbelebt«. Es wird getöpfert, geschmiedet, gebacken und vieles mehr. Auf der Website finden Sie den Veranstaltungskalender.

## 75

**Museumsdorf Bayerischer Wald**
Am Dreiburgensee
94104 Tittling
08504 40461
08504 8334 (Gasthaus)
www.museumsdorf.com

Für Navigationsgeräte bitte eingeben:
»Tittling, Rothaumühle 1« oder »Tittling, Museumstraße«

# Dorfleben früher

## Museumsdorf Bayerischer Wald

Schwer vorstellbar, dass die Häuser mit den niedrigen Räumen und den steilen Holzstiegen zum Teil bis in die 60er-Jahre des vorigen Jahrhunderts bewohnt waren. Wo heute Internet und Smartphone allgegenwärtig sind, waren damals fließendes Wasser und Strom keine Selbstverständlichkeit. Der Bayerische Wald war arm. Das wird einem bewusst, wenn man sich in Tittling auf eine Zeitreise begibt. Wer durch das früheren Gegebenheiten nachempfundene Dorf spaziert, erahnt aber auch Vorzüge dieser vergangenen Zeit: Hier gackern Enten auf dem Löschteich, dort schreit ein Esel und die liebevoll angelegten Bauerngärten verströmen einen Duft von Kräutern und Blumen. Das soziale Leben spielte sich zwischen Kapelle und Wirtshaus und beim Ratsch über den Zaun ab, wo in modernen Gemeinden kaum mehr jemand draußen zu sehen ist.

150 Gebäude aus dem Bayerischen Wald wurden in einem der größten Museumsdörfer Europas nach historischen Ortsansichten wiederaufgebaut. Sie vermitteln zusammen mit alten Gerätschaften, bäuerlichem Hausrat und vielem mehr das Gefühl, die Bewohner wären gerade erst weggezogen. Zahlreiche Ausstellungen sorgen dafür, dass vergangene Jahrhunderte wieder zum Leben erwachen. In der ältesten Volksschule Deutschlands findet der Nachwuchs kaum mehr Ähnlichkeiten zum heutigen Alltag. Eine extra Kinderausstellung vergleicht das Landleben von damals mit unserer modernen Zeit und lädt zum Experimentieren und Forschen ein. Hunden versperrt außer im Museumsladen nirgends ein »Eintritt verboten« den Weg. Zusammen mit ihrer Familie erkunden sie Bauernstuben, Scheunen und Handwerksbetriebe und begleiten uns ins historische Gasthaus *Mühlhiasl*, wo frisch zubereitete bayerische Spezialitäten den Ausflug in die Vergangenheit abrunden.

Für Zwei- und Vierbeiner, die etwas mehr Bewegung brauchen, bietet sich der zwei Kilometer lange, abwechslungsreiche Rundweg um den direkt beim Museumsdorf gelegenen Dreiburgensee an.

76

**Gutshotel Feuerschwendt**
Gut Feuerschwendt 1
94154 Neukirchen vorm Wald
08505 91290
www.gut-feuerschwendt.de

# HOTEL FÜR FAMILIEN UND HUNDE

## Gutshotel Feuerschwendt

Familien mit vierbeinigen Mitgliedern und Pferdefreunde verbringen hier mitten im Bayerischen Wald einen Vier-Sterne-Urlaub weit ab vom Verkehrslärm. Kinder können sich auf dem riesigen Gutsgelände zwischen Bungalows, Spielplatz, Stallungen und Haupthaus frei bewegen, da die Zufahrt sehr langsam befahren wird und es keine Durchgangsstraße weit und breit gibt. Die Vierbeiner genießen nicht ganz so viele Freiheiten, sondern bleiben grundsätzlich an der Leine, dürfen ihre Menschen aber (außer in den Wellnessbereich) überall hin begleiten. Zudem gibt es auf der eingezäunten Hundewiese reichlich Platz zum Toben, in der großzügigen Hundesporthalle können die Vierbeiner beweisen, was sie drauf haben, und beim Hundetraining kann am letzten Schliff des guten Benehmens gearbeitet werden.

Pferdefreunden vom Anfänger bis zum geübten Reiter wird Unterricht auf den gutmütigen Rottalern angeboten und Kinder bekommen sogar eine Reitstunde gratis. Spielplatz und -zimmer, Kicker und Tischtennisplatte, Streichelzoo und Hallenbad – in der Hotelanlage ist so viel für die ganze Familie geboten, dass ein verlängertes Wochenende ohne Ausflüge in die Umgebung kein Problem wäre.

Allerdings liegen nicht nur Passau und der Bayerische Wald, sondern auch Tschechien und Österreich mit unzähligen Freizeitangeboten vor der Tür – einem ausgedehnten Familienurlaub steht also nichts im Wege. Langweilig wird es jedenfalls niemandem werden. Der kleine und große Hunger wird im neu gestalteten Panorama-Restaurant gestillt, wo Küchenchef Helmut Krompaß vorwiegend regionale Produkte (zum Teil in Bio-Qualität) anbietet. Im Sommer lädt zudem der Biergarten dazu ein, im Schatten alter Bäume eine Erfrischung zu genießen, während die Kinder den angrenzenden Spielplatz unsicher machen.

Uns haben die Bungalows deutlich besser gefallen als die Zimmer im Haus *Ilztal*. Gerade für Familien mit Hund unsere klare Empfehlung.

# 77

**Wildpark Schloss Ortenburg**
Frank Schobesberger
Irgenöd 3
94496 Ortenburg
08542 7171
www.wildpark-ortenburg.de

# WILDWECHSEL GARANTIERT

## Wildpark Schloss Ortenburg

Mit einem Vierbeiner an der Seite, der bei jeder uralten Fährte zum großen »Halali« bläst, sollte man diesen Ausflug besser nicht planen. Alle anderen Artgenossen aber, die sich zumindest an der Leine nicht komplett vergessen, können in diesem Park ein paar sehr aufregende Stunden erleben. Bereits im 16. und 17. Jahrhundert befand sich hier, direkt neben dem Renaissance-Schloss, die französische Gartenanlage und das Tiergehege der Grafen von Ortenburg. Heute spazieren die Besucher des Wildparks auf gepflegten Wegen in einer wunderschönen Landschaft mit zum Teil sehr altem Baumbestand.

Gleich zu Beginn der Runde durchqueren wir die Hirschwiese und sind schnell von neugierigem Rotwild umgeben, das sich Hoffnung auf Futter – erhältlich an der Kasse – macht. So manch vierbeiniger Jäger staunt nicht schlecht, wenn er sich plötzlich Aug in Aug mit einer Hirschkuh sieht und scheint dann doch ins Grübeln zu kommen, ob die nicht eine Nummer zu groß ist für ihn. Vom Alpensteinbock bis zur Zwergziege sind europäische Tiere im Park vertreten, selbst Exoten wie Alpakas oder Stachelschweine haben hier eine Heimat gefunden. Der gut ausgeschilderte Rundweg durch die 25 Hektar große Anlage lässt sich mit einem Kinderwagen ebenfalls gut bewältigen. Auf dem großzügig angelegten Kinderspielplatz können sich die jüngeren Familienmitglieder austoben, während die älteren sich im Biergarten von *Sigrid's Futterhäusl* ausruhen. Die Tierstreichelzonen sind eine besondere Attraktion für alle, denn vom Kamerunschaf bis zum Mufflon – der beste Freund des Menschen darf mit. Diese Gehege können aber auch umgangen werden, wenn nach dem Durchqueren der Hirschwiese jede weitere Aufregung für den Vierbeiner zu viel wäre.

Von Mitte Juni bis Ende August dürfen Hunde nicht in den Park, da die Hirsche Jungtiere haben. Um sicher zu gehen, am besten vorher anrufen.

78

**Dackelmuseum**
Große Messergasse 1
94032 Passau
0851 30439
www.dackelmuseum.de

**Café & Tagesbar Minoo**
Große Messergasse 2
94032 Passau
0851 96665788
www.cafe-minoo.de

## HEREINGEDACKELT!

### Dackelmuseum

Sie wollen ein einzigartiges Museum besuchen? Eines, das ziemlich schräg und einmalig auf der Welt ist, zudem nicht nur Menschen, sondern auch – und vor allem – Hunden offensteht? Dann kommen Sie am Dackelmuseum in Passau nicht vorbei. Verfehlen können Sie es ohnehin nicht, denn an der Fassade, auf der Treppe, am Eingang, stehen sie einfach überall: Dackel, Dackel, Dackel. Mit etwas Glück werden Sie sogar von einem der Inhaber mit seinen drei krummbeinigen Freunden empfangen. Der *Blumen Seppi*, wie er in Passau genannt wird, eröffnete 2018 zusammen mit seinem Lebensgefährten die Privatsammlung, in der heute über 2.500 Teckel in allen Formen, Farben und Größen ausgestellt sind. Ich brauche nicht lange zu suchen, um den Vierbeiner auf orangen Rädern zu finden, den ich in meiner Kindheit hinter mir herzog, und auch ein Wiedersehen mit dem kleinen Krummbein, das dank Batterieantrieb ganz alleine durchs Kinderzimmer wackelte, gibt es.

Doch nicht nur Spielzeug wird gezeigt. Die gerade in Bayern besonders beliebte Hunderasse kann man als sündhaft teuren Aschenbecher ebenso bestaunen wie als Porzellanfigur oder Weihnachtskugel. In kürzester Zeit entdeckt man auf den 80 Quadratmetern so ziemlich alles, was mit dem kleinen Jagdhund zu tun hat. Wenn Ihr Herz für den »besten Hund der Welt« schlägt, ist das Haus direkt am Dom auf jeden Fall einen Abstecher wert. Aber Achtung: wirklich teuer ist nicht der Eintritt, vielmehr hat es der kleine Laden in sich. Nein, nicht wegen überzogener Preise, sondern weil kaum ein Hundefreund an einschlägigen Socken, Fußabstreifern und noch mehr vorbeigehen kann. Dafür bekamen wir schon am Eingang eine Postkarte und ein schickes Halstuch für unseren Vierbeiner geschenkt – und das, obwohl Noah ein Terrier ist.

Gleich gegenüber vom Museum lädt das Café *Minoo* zu einer Pause bei hausgemachten Kuchen und Torten oder einer der verschiedenen Stullen ein.

79

**Kristallschiff**
Fritz-Schäffer-Promenade
Anlegestelle A11
94032 Passau
0851 929292
www.donauschifffahrt.eu

## EIN AUSFLUG, DREI FLÜSSE

Kristallschiff

Das Kristallschiff der Reederei *Wurm und Noé* ist etwas Besonderes, ein schwimmender Traum aus Kristall, der in Zusammenarbeit mit der Firma *Swarovski* gestaltet wurde, inspiriert von der Sage um eine Nixe. Wasserspiele, ein gigantischer Lüster, eine Harfentreppe, dazu zahlreiche exotische Pflanzen – die Architektur ist sehenswert. Bei so viel Glas und Luxus, so mein erster Gedanke, sind vierbeinige Familienmitglieder mit Sicherheit verboten, aber fragen kostet ja bekanntlich nichts. So weit kommt es allerdings erst gar nicht. Schon auf den Infotafeln am Anleger grinst uns eine fröhliche Schnauze entgegen: »Hunde willkommen und gratis« heißt es dort. Was für eine positive Überraschung!

Wir entscheiden uns für die 45-minütige *Dreiflüssefahrt* und sichern uns einen Platz auf dem großzügigen, an eine Gartenanlage erinnernden Außendeck. Hier muss, im Gegensatz zu vielen anderen Ausflugsbooten, niemand dicht gedrängt in der Hitze schmoren. Während der leichte Fahrtwind für angenehme Kühle sorgt, strecken wir Beine und Pfoten im Schatten unter dem Sonnensegel aus und sind uns einig: so muss eine Stadtführung sein! In gemütlichem Tempo ziehen die Fassaden der Stadthäuser, die Vesten Ober- und Niederhaus, der Dom St. Stephan und das Kloster *Mariahilf* an uns vorbei, während wir alles Wissenswerte dazu aus dem Bordlautsprecher erfahren. Besonders faszinierend ist die Dreiflüssemündung von Donau, Ilz und Inn, bei der sich die Gewässer genau an den jeweils unterschiedlichen Färbungen unterscheiden lassen. Zwar könnten wir nebenbei noch Kaffee trinken oder Eis essen, aber das erscheint uns doch etwas viel für die relativ kurze Fahrzeit. So lassen wir lieber ungestört alle Eindrücke auf uns wirken und legen anschließend im *Café Simon* am Rindermarkt eine Pause ein.

Nicht nur Passau, auch Regensburg lässt sich mit der Flotte der Reederei *Wurm und Noé* entspannt vom Wasser aus erkunden. Weitere Infos dazu unter: www.donauschifffahrt.eu.

# HUNDEFREUNDLICHE HOTELS UND FERIENWOHNUNGEN

*Hotels/Unterkünfte/Ferienwohnungen, die hundefreundlich, nur auf Hundebesitzer eingestellt sind oder besondere Angebote für Hund und Halter haben.*

**Ferienhaus Geiger (25)**
Kieslau 60 / Zellertal
93444 Bad Kötzting
09945 673
www.ferienhaus-geiger.de

**Historisches Waldferiendorf Dürrwies (60)**
94253 Bischofsmais
09920 335
www.waldferiendorf-duerrwies.de

**Parkhotel Cham (14)**
Prälat-Wolker-Straße 5
93413 Cham
09971 3950
www.parkhotel-cham.de

**Ullis Galgoranch**
Eichberg 2
93413 Cham
09974 9049403
www.galgo-hilfe-berlin.de
Ferienhaus mit großem, umzäuntem Grundstück speziell für Windhunde.

**Knallerbsenhof (37)**
Aukenzell 2
93167 Falkenstein
09462 1888434
www.knallerbsenhof.de

**Hotel St. Florian (62)**
Althüttenstraße 22
94258 Frauenau
09926 9520
www.st-florian.de

**Hotel Sonnbichl (22)**
Lambacherstraße 31
93462 Lam
09943 733
www.sonnbichl.de
www.sonnleitn.de

**Gutshotel Feuerschwendt (76)**
Gut Feuerschwendt 1
94154 Neukirchen vorm Wald
08505 91290
www.gut-feuerschwendt.de

**Landhotel Haus Waldeck (71)**
Alzenbergstraße 9
94158 Philippsreut
08557 729
www.haus-waldeck-koch.de

**Restaurant-Hotel Bärenhof**
Lindenstraße 9
Hinterfirmiansreut
94158 Philippsreut
08557 91100
www.baerenhof-althaus.de
Familiäres Hotel für Hund und Herrchen am Rande des Nationalparks Bayerischer Wald.

**Landhotel Koller (73)**
Perlesreuter Straße 5
94160 Ringelai
08555 97000
www.landhotel-koller.de

**Natur-Hunde-Hotel Bergfried (9)**
Bauhof 7
92444 Rötz
09976 94000
www.urlaub-mit-hund-bayern.eu

**Gut Schmelmerhof (40)**
Rettenbach 24
94379 Sankt Englmar
09965 1890
www.gut-schmelmerhof.de

**Romantik Appartements Glashütt**
Glashütt 17a
94379 Sankt Englmar
09965 8010300
www.fewo-st-englmar.de

**Grashöfle (69)**
Klosterfilz Weg 24
94568 St. Oswald
08552 692
www.grashoefle-ferien.de

**Naturerlebnisdorf Stamsried (10)**
Kürnburgstraße 8
93491 Stamsried
0228 919000

**Hotel-Gasthof Fenzl**
Nittenauer Straße 7
92449 Steinberg am See
09431 50326
www.hotelgasthof-fenzl.de
Auch mit mehr als einem Hund ist man willkommen.

**Adventure Camp Schnitzmühle (43)**
Schnitzmühle 1
94234 Viechtach
09942 94810
www.schnitzmuehle.de

**Pension Sonnleit'n (57)**
Büchelweg 8
94227 Zwiesel
09922 1824

**Zwieseler Waldhaus (55)**
Zwieseler Waldhaus 28/30
94227 Lindberg bei Zwiesel
09925 902020
www.zwieselerwaldhaus.de

## HUNDEFREUNDLICHE RESTAURANTS UND CAFÉS

*In diesen empfehlenswerten Restaurants und Cafés ist der Hund erlaubt. Mitunter gibt es dort extra Angebote für den Hund (Wassernapf, Leckerchen, angrenzende Spielwiese oder Ähnliches).*

**Brauerei-Gasthof Lindner Bräu (26)**
Weißenregener Straße 4
93444 Bad Kötzting
09941 1429
www.lindner-braeu.de

**Goggolori (27)**
Spitalplatz 1
93444 Bad Kötzting
09941 904949
www.goggolori.de

**Arberseehaus (52)**
Arbersee 42
94252 Bayerisch Eisenstein
09925 902003
www.arberseehaus.de

**Berghaus Sonnenfels (51)**
Sonnenfelsen 1
94252 Bayerisch Eisenstein
09925 1379
www.arber-sonnenfels.de
An manchen Tagen wird man schon von der vierbeinigen Chefin des Hauses, Dackeldame Paula, am Eingang empfangen. Das Berghaus erreicht man nur zu Fuß (in etwa 30 Minuten) vom Parkplatz am Brennes (Arber) aus.

**Schwellhäusl (55)**
Schwellhäusl 310
94252 Bayerisch Eisenstein
09925 460
www.schwellhaeusl.de

**Café Bistro Lieblingsplatz (29)**
**Vegetarisch & Vegan**
Oberes Dorf 32
93476 Blaibach
09941 4077537
www.lieblingsplatz-blaibach.de

**GutsAlm Harlachberg (45)**
Harlachberg 1 + 2
94249 Bodenmais
09924 9434930
www.harlachberg.de

**Kuhalm Bodenmais (46)**
Kreuzseige 2
94249 Bodenmais
09924 9435592
www.kuh-alm-bodenmais.de

**Rote Res (48)**
Marktplatz 6
94249 Bodenmais
0151 54729576
www.roteres.de

**D'Wasserwirtschaft (11)**
Oberer Regenanger 3
93413 Cham
09971 862424
www.wasserwirtschaft-cham.de

**Kaffeeküche Cham (13)**
Marktplatz 2
93413 Cham
0173 5871076
www.kaffeekueche-cham.de

**Haidsteiner Hütte (17)**
Monika und Michaela Geiger
Haidstein 1
93466 Chamerau
09941 9495292
www.haidsteiner-huette.de

**Gasthof Ödenturm (15)**
Ernst Hunger
Am Ödenturm 11
93413 Chammünster
09971 89270
www.oedenturm.de

**Danibauer (72)**
Falkenbach 2
94078 Freyung
08551 4283 oder 0151 56342097
www.danibauer.de

**Café-Restaurant am Voithenberg (8)**
Voithenberg 3
93437 Furth im Wald
09973 8053934
www.cafe-vip.de

**Gasthof zum Bay (4)**
Bayplatz 5
93437 Furth im Wald
09973 4334
www.zumbay.de

**Hotel Rösslwirt (21)**
Engelshütter Straße 1
93462 Lam
09943 1275
www.roesslwirt.de

**Kaffeehaus Blaslhöhe (22)**
Oberschmelz 1
93462 Lam
01512 7029541
www.kaffeehaus-blaslhoehe.com

**Café »Zum Sahneberg« (23)**
Berghäusl 1
93470 Lohberg
09943 1803
www.cafe-sahneberg.de

### Café Waffel (31)
Bahnhofstraße 20
93468 Miltach
09944 3414118
www.waffelbahnhof.de

### Schlosswirtschaft Moos
Eugen Bircheneder
Preysingstraße 23
94554 Moos
0993 8229
www.schloss-wirt.de
Hier ist man auch mit mehr als einem Hund gern gesehener Gast.

### Berghaus Schönblick (18)
Hohenbogen 1
93453 Neukirchen beim Heiligen Blut
09947 902949
www.schoenblick-hohenbogen.de

### Kolmsteiner Hof (19)
Kolmstein
Kreuzwegstraße 9
93453 Neukirchen beim Heiligen Blut
09947 444
www.kolmsteiner-hof.bayern

### Café & Tagesbar Minoo (78)
Große Messergasse 2
94032 Passau
0851 96665788
www.cafe-minoo.de

### Café Charlotte (34)
Untere Bachgasse 5
93047 Regensburg
0176 78154854
www.cafe-charlotte.metro.bar

### Hofcafé Zur Hölle (35)
Postfelden 21
93191 Rettenbach
09462 8659557
www.hofcafezurhoelle.de

### Liederbühne Robinson (16)
Seeweg 2
93486 Runding
09971 4651
www.liederbuehne.de

### Landpartie (59)
Sicking 29
94571 Schaufling
09901 902986
www.landpartie-ambiente.de

### Berghof Gibacht (7)
Gibacht 31
93449 Waldmünchen
09972 9049149
www.glasschmiede-gibacht.de

### Pizzeria Eiscafé Europa (2)
Marktplatz 1
93449 Waldmünchen
09972 3754

### Restaurant Marktstube (57)
Angerstaße 31
94227 Zwiesel
09922 6285
www.restaurant-marktstube.de

# GESCHÄFTE FÜR HUNDENAHRUNG UND -AUSSTATTUNG

*Besondere Läden, die originelles Hundezubehör oder Hundefeinkost anbieten, sowie klassische Märkte für Tierbedarf, falls im Urlaub mal das Futter ausgehen sollte.*

**Dr. Berg Tiernahrung**
Loiblinger Straße 9
93413 Cham
09944 3076142
www.dr-berg-tiernahrung.de
Hundefutter entwickelt vom Tierarzt, zudem tierärztliche Ernährungsberatung.

**Fressnapf Cham**
Janahofer Straße 20
93413 Cham
09971 766724
www.fressnapf.de/storefinder

**TierOase - Breu**
Im Gewerbepark 3
93466 Chamerau
09944 306490
www.tieroase-breu.de
Die TierOase bietet auch einfache Krallenpflege an.

**Vici Design**
Bachstraße 52
93466 Chamerau
09944 3073027
www.vici-design.de
Repräsentant der Marke *Sofa Dog Wear* Deutschland. Die Produkte sind aus eigener Herstellung und von besonderen Lieferanten. Telefonische Beratung und nach Absprache Abholung der Artikel unter obiger Nummer möglich, ansonsten nur Onlineshop.

**Fressnapf Deggendorf**
Steinbruchweg 1
94469 Deggendorf
0991 2909180
www.fressnapf.de/storefinder

**Hundeladerl**
Sandra Limbrunner
Gartenstraße 15 (Rettenbach)
94469 Deggendorf
09931 907771
www.sandra-limbrunner.de/hundeladerl
Die Inhaberin ist Tierheilpraktikerin und bietet auch Ernährungsberatung an.

**Annette Feldmann**
Hundesalon, Tiernahrung und Zubehör
Johann-Strauß-Straße 14
84130 Dingolfing
08731 395154
www.shop-feldmann.de

**Zoo Roth – Zoofachgeschäft**
Georg Apfelbacher
Hauptstraße 12
94481 Grafenau
08552 2560
www.zoo-roth.de

**Das Futterhaus Passau**
H&S Futter GmbH
Prachatitzer Straße 1
94036 Passau
0851 96665798
www.futterhaus.de/service/filialen/passau

**Fressnapf Passau**
Neuburgerstraße 128
94036 Passau
0851 9883666
www.fressnapf.de/storefinder

**Fressnapf Regen**
Zwieseler Straße 41
94209 Regen
09921 9052821
www.fressnapf.de/storefinder

**DUFTMARKE**
Zur Hohen Linie 64
93055 Regensburg
0941 63073090
www.duftmarke.org
Hochwertige Hundebetten und handgefertigte Halsbänder.

**Fressnapf Regensburg**
Langobardenstraße 2
93053 Regensburg
0941 7057073
www.fressnapf.de/storefinder

**ZOO & Co. Regensburg**
Zoo Haubensak
Bajuwarenstraße 29
93053 Regensburg
0941 7886413
www.zooundco-regensburg.de
Serviceleistungen wie Krallenpflege sind auch im Angebot.

**Zookies (33)**
Obere Bachgasse 2
93047 Regensburg
0941 38215969
www.zookies.de

**Fleischeslust Tiernahrung Werksverkauf (66)**
Schwarzachstraße 25
94518 Spiegelau
08581 9861112
www.fleischeslust-tiernahrung.de

**Fressnapf Straubing**
Posener Straße 20
94315 Straubing
09421 928891
www.fressnapf.de/storefinder

**Tiernahrung Christian Knott**
Dresdner Straße 8
94315 Straubing
09421 60350
www.knott-tiernahrung.de
Trockenkauartikel, Frisch- und Frostfleisch direkt vom Produzenten.

**Elli Stahl Alles für Katze und Hund (32)**
Untere Ringstraße 10
93455 Traitsching-Sattelpeilnstein
09974 7244 oder 0162 3413853
Keine festen Öffnungszeiten – unbedingt vorher anrufen und Termin vereinbaren.

## FREILAUFFLÄCHEN

*Hier darf man den Hund definitiv von der Leine lassen.*

**Hundespielwiese Deggendorf**
An der St. 2125
Eginger Straße 42
94469 Deggendorf
Mit Weidezaun begrenzte Hundewiese.

**Hundewiese Gut Aiderbichl (58)**
Eichberg 26
94469 Deggendorf
09901 903298
www.gut-aiderbichl.com
Gehört zu Gut Aiderbichl, daher nicht kostenfrei.

**Hundewiese Straubing**
Auf der Gstütt-Insel zwischen Campingplatz und Tennisclub Rot-Weiß e.V.
94315 Straubing
4.500 Quadratmeter großes, eingezäuntes Areal.

## TIERÄRZTLICHE VERSORGUNGSSTELLEN

*Hundekliniken, Tierärzte, Hundenotfall-Telefon und ärztlicher Tiernotdienst für den Fall der Fälle. Zudem Physiotherapie für den Hund, damit auch Langzeit-Therapien im Urlaub fortgesetzt werden können.*

**Tierarztpraxis Ulrike Renner**
Grasfilzing 31
93473 Arnschwang
09977 2910575
www.tierarztpraxisrenner.de

**Tierärztliche Gemeinschaftspraxis Dr. A. Zach, H. Neuberger und M. Sc. Dr. J. Bartels**
Steinmauerweg 7
93444 Bad Kötzting
09941 3905

**Kleintierpraxis Dr. Martina Löffelmann**
Meisenweg 12
93413 Cham
09971 86070
www.tierarzt-loeffelmann.de
Seit Jahren unsere Tierärztin.

**Physiodog – Hundekrankengymnastik Birgit Grehmann**
Thierlstein 20
93413 Cham
09971 9967900

**Kleintierpraxis am Tegelberg**
Zieglerstraße 1
94469 Deggendorf
0991 37911893
www.kleintierpraxis-deggendorf.de

**Dr. Matthias Lechner-Doll**
Arberstraße 13
94256 Drachselsried
09945 902170
http://dr-med-vet-mathias-lechner-doll.9gg.de
Barrierefreier Zugang.

**Tierarztpraxis am Saussbach/ Saussbachpraxis**
Saussbachstraße 52
94078 Freyung
08551 912912
www.saussbachpraxis.de

**Tierärztliches Zentrum Kurzeichet**
Kleingern 51a
94081 Fürstenzell
08502 1388
www.tierklinik-kurzeichet.de
Hier werden lange Öffnungszeiten und modernste medizinische Geräte wie etwa ein Computertomograf geboten.

**Tierarztpraxis Dr. Marion Ebner**
Hauptstraße 4
94244 Geiersthal
09923 8044195
www.tierarztpraxis-ebner.de
Die Praxis bietet eine Hotline für medizinische Soforthilfe an: 0900 1180800

**Tierarztpraxis Kölbl**
Unterhüttensölden 18
94481 Grafenau
08554 35152
www.tierarztpraxis-koelbl.de
Bietet neben einem breiten Behandlungsspektrum auch Reiki an.

**Chiropraktik Grünberger**
Mag. med. vet. Viktoria Grünberger
Aufeld 1a
94051 Hauzenberg
0151 20258506
www.chirovet-gruenberger.com
Chiropraktische Praxis.

**Martin Schweihoff**
An der Bleiche 17
94051 Hauzenberg
08586 6446
www.provieh-tierarzt.de
Spezialisiert auf Chirurgie, auch außerhalb der Sprechzeiten für Notfälle erreichbar.

**Tierärztliche Gemeinschaftspraxis Hans-Peter Fuchs & Dr. Jasmin Schrötter**
Deggendorfer-Straße 11
94526 Metten
0991 9496
www.tierarztpraxis-metten.de
Spezialisiert auf die Behandlung von Windhunden.

**Vitru Tiergesundheit**
Tierheilpraxis und Physiotherapie für Pferde, Hunde und Katzen
Jammer 1
93185 Michelsneukirchen
09467 7118737
www.vitru.de
TCM, Ernährungsberatung, Osteopathie und viele weitere Therapiemöglichkeiten.

**Therapie für Hunde und Pferde – Jennifer Trinkmann**
Ledererstraße 21
92431 Neunburg vorm Wald
0172 8861993 oder 09672 6223031
www.tierosteo.bayern
Dorn- und Osteotherapie für Hund und Pferd.

**Tierarztpraxis Parkstetten**
Aufbaustraße 9
94365 Parkstetten
09421 843210
www.tierarztpraxis-parkstetten.de

**Kleintierpraxis Dr. Günter Plößl**
Obertraublinger Straße 31
93055 Regensburg
0941 7056888
www.kleintierpraxis-regensburg.de
Spezialisiert auf Kleintiere.

**Tierklinik Haslbach**
Hofer Straße 11
93057 Regensburg
0941 4629690
www.tierklinik-haslbach.de
24-Stunden-Notdienst, Zahnsprechstunde, Physiotherapie etc.

**Dr. Manfred Fraunhoffer**
Gütlstraße 12
92444 Rötz
09976 902121
www.tierarzt-fraunhoffer.de
Kleintiersprechstunde Montag bis Freitag.

**Tierarztpraxis B. Poitner**
Auf der List 11
94518 Spiegelau
08553 9782082
https://tierarztpraxis-poitner.business.site

**Fachtierarztpraxis**
**Dr. Zvonimir Somek (Univ. Zagreb)**
Romansstraße 19
94315 Straubing
09421 3303155
www.tierarzt-somek.de
Fachtierarzt für Kleintiere.

**Tierarztpraxis Tanja Golbik**
Dorfstraße 13
94244 Teisnach
Ortsteil Bärmannsried
09923 8044240
www.tierarztpraxis-golbik.de

**Tierarztpraxis im alten Forstamt**
**Dr. Martin Nistler**
Altenstein 5
94234 Viechtach
09942 949398 oder 0171 4916309

**Tierarztpraxis Waldkirchen**
**Dr. G. Götz & Dr. L. Leder**
Ratzinger Weg 9
94065 Waldkirchen
08581 9871313
www.tierarztwaldkirchen.de
Unter der angegebenen Telefonnummer rund um die Uhr erreichbar – auch sonn- und feiertags.

**Kleintierpraxis**
**Johanna E. Ederer-Leonhards**
Waldschmidtweg 17
94227 Zwiesel
09922 802060
www.tierklinik-zwiesel.de
Nach telefonischer Vereinbarung sind auch Hausbesuche möglich.

# HUNDESITTER

*Falls nötig, kann man den Hund für einige Stunden hier unterbringen.*

**Moppis Doghome**
Pfarrer-Retzer-Straße 9
93473 Arnschwang
09977 902057
www.moppis-doghome.de
Nur für kleine Hunde.

**Slope-Creek-Ranch**
Grabmühl 2
94336 Hunderdorf
0179 9493744
http://hundepension.slope-creek-ranch.de
Flexible Tagesbetreuung ist möglich.

**Hundepension Knott**
Leppersberg 3
84152 Mengkofen
08733 1727
www.hundepension-knott.de
Familienanschluss im Haus, keine Zwingerhaltung.

**DUFTMARKE**
Zur Hohen Linie 64
93055 Regensburg
0941 63073090
www.duftmarke.org
Modernes Hundehotel mit Freilaufflächen und Waldgehege. Verfügt außerdem über einen Hundeladen und eine Hundeschule.

**Püppis Urlaubsoase**
93491 Stamsried
09466 911465
Hier wird Ihr Hund von einer Tierarzthelferin betreut.

**Hundezentrum Magic Friends Vilshofen**
Anton Mekker
Hauptstraße 96
94474 Vilshofen/Pleinting
0160 90889526
www.hs-magicfriends.de
Neben einer Hundepension gibt es noch einen Laden, Physiotherapie und einen Friseur für den Vierbeiner.

## WELLNESS FÜR DEN HUND

*Den Hund von der Haarspitze bis zu den Pfoten verwöhnen lassen geht hier, teilweise kombiniert mit gesundheitsfördernden Angeboten.*

**Hundesalon Piccolino**
Schreinerstraße 44
94428 Aufhausen
09956 9050030
0170 2056106
www.hundesalon-bayern.de
Frisuren nach FCI-Standard oder eigenen Wünschen.

**Hundesalon Fellwexel**
Peggy Haberl
Bahnhofstraße 1
93466 Chamerau
0178 4793690
www.hundefriseur-fellwexel.jimdofree.com
Der Salon bietet auch Zahnsteinprophylaxe an.

**Lisas Hunde- und Katzenstüberl**
Perlingerstraße 3+5
93479 Grafenwiesen
0151 57979296

**Sigis Hundesalon**
Schlesische Straße 33
93073 Neutraubling
09453 310093
www.sigis-hundesalon.de
Auch der Umgang mit schwierigen Hunden ist kein Problem, da die Inhaberin eine erfahrene Hundetrainerin ist.

**Hundesalon Chrissi**
Hultschiner Straße 1
93057 Regensburg
0941 49827
0175 9162260
www.hundesalon-chrissi.de
Während der Schur werden die Vierbeiner mit einer entspannenden Kopfmassage verwöhnt und müssen daher meist nicht angeleint werden.

**Skandi Dog**
Schwandorfer Straße 19
93059 Regensburg
0151 61130619
www.skandidog.de
Neben dem umfassenden Pflegeangebot bietet Skandi Dog noch einen Shop mit Halsbändern, Leinen, Geschirren und Hundemänteln der finnischen Firma Rukka.

**Ullis Hundeoase**
Brunnenplatz 4
93426 Roding
09461 912296
www.ullis-hundeoase.de
Ganzheitliche Pflege von Fell bis Krallen.

**Hundesalon Fesche Pfote**
Hauptstraße 17
92444 Rötz-Bernried
09976 200767
0175 7603040
www.feschepfote.de
Fellpflege nach Rassestandards oder nach Kundenwunsch.

**Annett's Hundesalon**
Riemenschneiderstraße 44
94315 Straubing
09421 182233
www.annetts-hundesalon.de
Neben einem umfangreichen Pflegeprogramm gibt es auch einen kleinen Laden mit hochwertigen Produkten für den Vierbeiner.

**Hundesalon Lotta und Elfie**
Enggasse 18 (Fraunhofer Passage)
94315 Straubing
0160 93875126
www.hundesalon-lotta-elfie.de
Der Hundesalon nimmt auch »Problemhunde« an.

**Le Groom**
**Der Hundesalon in Straubing**
Ittlinger Radweg 51
94315 Straubing
0151 10000703
www.le-groom.com
Umfassender Service von baden über trimmen, scheren bis hin zu Krallenpflege etc.

**Wunderpfoten**
Hauptstraße 30
93494 Waffenbrunn
0151 50596492
www.wunder-pfoten.bayern
Neben Schur und Trimmen wird auch die Versorgung von Liegeschwielen und chronischen Wunden sowie eine Zahnsteinbehandlung mit Ultraschall angeboten.

**Hundesalon Stock**
Annegret Stock
Prienzing 32
93497 Willmering
09971 8984229
0174 3067153
www.hundesalon-stock.de

**Hundestudio Vier Pfoten**
Michaela Pfannenstiel
Frauenauer Straße 36a
94227 Zwiesel
09922 4803
0171 3785111
www.hundestudio-vierpfoten.de/kontakt.html
Das Hundestudio arbeitet auch als mobiler Pflegeservice.

ALLE LIEFERBAREN Lieblings-Plätze

ISBN 978-3-8392-0044-5

[illegible]

ISBN 978-3-8392-2613-1

ISBN 978-3-8392-2837-1

ISBN 978-3-8392-2616-2

ISBN 978-3-8392-2632-2

[illegible]

ISBN 978-3-8392-2731-2

ISBN 978-3-8392-2732-9

ISBN 978-3-8392-2628-5

ISBN 978-3-8392-2621-6

[illegible]

ISBN 978-3-8392-2625-4

ISBN 978-3-8392-2838-8

ISBN 978-3-8392-2630-8

ISBN 978-3-8392-2631-5

[illegible]

ISBN 978-3-8392-2929-3

ISBN 978-3-8392-2932-3

ISBN 978-3-8392-2931-6

ISBN 978-3-8392-2925-5

ISBN 978-3-8392-2622-3
Lieblingsplätze
Ostfriesische Inseln
ISBN 978-3-8392-2619-3
Lieblingsplätze
Kassel und Nordhessen
ISBN 978-3-8392-2618-6
Lieblingsplätze
In und um Passau
ISBN 978-3-8392-2615-5
Lieblingsplätze
Donau
Passau — Wien
ISBN 978-3-8392-2629-2
Lieblingsplätze
Spreewald
ISBN 978-3-8392-2734-3
Lieblingsplätze
Westerwald
ISBN 978-3-8392-2627-8
Lieblingsplätze
Sauerland
ISBN 978-3-8392-2617-9
Lieblingsplätze
Frankfurt am Main
ISBN 978-3-8392-2635-3
Lieblingsplätze
Zwischen Nord- und Ostsee
ISBN 978-3-8392-2633-9
Lieblingsplätze
Von Koblenz zu Rhein und Mosel
ISBN 978-3-8392-2612-4
Lieblingsplätze
Berlin nachhaltig
ISBN 978-3-8392-2405-2
Lieblingsplätze
Romantischer Rhein
Bingen — Bonn
ISBN 978-3-8392-2614-8
Lieblingsplätze
Chiemgau
ISBN 978-3-8392-2839-5
Lieblingsplätze
Von St. Peter-Ording bis zum Elbstrand
ISBN 978-3-8392-2624-7
Lieblingsplätze
Rund um Dresden
ISBN 978-3-8392-2623-0
Lieblingsplätze
Regensburg und Oberpfalz
ISBN 978-3-8392-2611-7
Lieblingsplätze
Rheinhessen kulinarisch
ISBN 978-3-8392-2545-5
Lieblingsplätze
Weinviertel
ISBN 978-3-8392-2620-9
Lieblingsplätze
Lahntal
ISBN 978-3-8392-2634-6
Lieblingsplätze
Wesermarsch
ISBN 978-3-8392-2930-9
Lieblingsplätze
Entlang der Sieg
ISBN 978-3-8392-2927-9
Lieblingsplätze
Erzgebirge
ISBN 978-3-8392-2926-2
Lieblingsplätze
In und um Garmisch-Partenkirchen
ISBN 978-3-8392-2924-8
Lieblingsplätze
Rhön
ISBN 978-3-8392-0043-8
Lieblingsplätze
Fehmarn